小石川店

護国寺店

Beaujolais Party
YOSE
入船亭遊京
アプリカーサ寄席
第三回
平成29年
11月25日
(土)16時半~
会場アプリカーサ
全席自由
入船亭遊京
遊京贔屓の会
03-3943-8716
Apricasa
Jazz Live
Beaujolais Party
ボージョレパーティー
11/17 fri.
start 19:30
Ken Yamamoto
Chihiro
WAKASA
2017年ボージョレヌーボー
TEL.03-3943-8716
Halloween Party
8×8
「恋のしこみ」&パンケーキ婚
11月19日(土)12時~15時
クリスマスはもうすぐそこ…
今年のクリスマスもまた一人!!
3943-8716
Event
Apricasa
フランス
ロワール
Nantes
6月8日(木)
PM8:00より
ロワールワイン6種と
おつまみ・お食事付
Tel. 03-3943-8716
Wine Tasting Party

Food menu

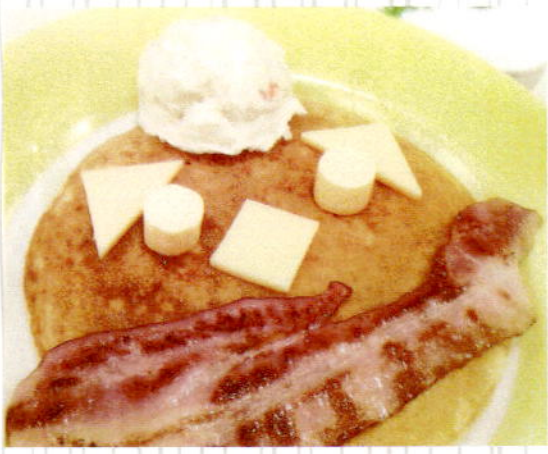

Original Pancake

攻めの集客で成功する!!
飲食店勝利の方程式

佐藤倫也

丸善プラネット

はじめに

「大切なのは、夢を描き、成功を確信すること」

誰でも出店できるのが飲食業の魅力ですが、個人の場合、生き残れるのは5年で10％以下と言われるように、入りやすく、成功しにくい業界です。

では、なぜ私がそんな飲食業に入り、お店を始めたのでしょうか。

実は、あるコンサルタント会社に勤務していた時、その会社の上司に「**佐藤君、飲食店をコンサルティングするなら、自分で1店舗くらい持たないとダメだぞ**」と突然言われ、（当時は）しかたなく都内の某所にイタリアン（スパゲッティー）のお店を持ったのがきっかけです。

若い頃だったので資金があまりなく、店をどこに出せばいいのかもわからず、イタリアンを作ることもできない、何もできないサラリーマンの私…。

しかし、どうにかこうにか出店し、当然の如く、つまずいては起き上がりながら、開業当初は赤字だったお店を、黒字化まで漕ぎ着けました。

2度目はイタリアンでなく、〝新しいカフェスタイル〟をコンセプトに、都内の某所に出店しましたが、この時はとんでもない物件を買わされました。

とても変わった土地柄の地域で、店長や従業員を募集しても人は来ず、おまけにテナントを紹介した不動産会社や近所の方から「ここは素人が出しているお店だからな」とか「どうしようもない店です」といきなり〝喧伝〟されてしまいました。

私が「ヒドい人がいるもんだな」と思っていると、今度はこの地域の〝顔役〟がお店にやって来て、「なんでこんな所に出店したの？ ここは、飲食店も本屋さんも…、誰が何をやっても大赤字で、半年も営業しないうちに皆閉店しちゃうところだよ」と言われ、愕然としました。

そんな私が、**「最悪の大赤字の日々が始まり」**→**「どうにかこうにかお店を切り盛りし」**→**「やっとのことで黒字になり」**→**「話題のお店になり」**→**「お店に行列ができるようになり」**→**「何をやっても大赤字の場所で、繁盛する店を作り上げる」まで、どのようにしたか**、その内容をお話しいたします。

飲食店は難しく、いろいろなケースがあり、臨機応変に対応しなければならないことが多いと思います。なので、すべてがこの本の通りではないかもしれません。また、一から開業を目指す方のために書いたものですので、すでにご存じの内容もあるかもしれません。そのような場合は、その基本事項を再確認する意味で読んでいただければと思います。

ところで、今、この本をご覧になっている方の中には、カバーを見て興味をお持ちになった方もいらっしゃると思います。私は、お客様にぜひこの本を手に取っていただきたく、このようなデザインにいたしました。

これまで飲食店を経営してきましたが、いろいろな失敗や経験を重ねながら、最後にお店を成功させることができました。またそれと同時に、周りの飲食業の方の失敗例や成功例なども数多く見てきました。

この本は、これから飲食店を持つ方にとって、いろいろと役に立つ情報が書いてありますので、お店を開く際にとても有利になるはずです。ですので、よく読んでいただき、ぜひ成功してください。

書店の棚には、さまざまな飲食店関係の本が並んでいますが、本を選ぶ時の著者の基準を間違えないようにしてください。私が思う飲食店様向けの本の著者の条件を、わかりやすいように箇条書きで挙げると、

・飲食業を10年以上経験している（または、経験していた）

・飲食店を経営していて（経営していた）成功している
・自分のお店を話題のお店にしている
・厨房（料理）からフロアまで、すべての仕事ができる
・経営・マーケティングの知識を持ち、優秀である
・「東京でスイーツ第〇位」など数字的ステイタスを持っている
・赤字経営を黒字化にする方向性をコンサルティングできる（または、黒字化の経験がある）
・評論家ではない
・できればコンサルティング会社に勤務経験があり、飲食を担当している（していた）

となります。以上の項目のほとんどを網羅している著者の本を選び、参考にされるといいと思います。

お店の数字のことをメインにしている本や、訳のわからない評論家の本は何の意味もありません。数字のことは身近な公認会計士や優秀な税理士と打ち合わせをすれば

いいことですし、いわゆる評論家の本は、要るか要らないかは不明ですが、単なる情報本に過ぎません。

自分で言うのも何ですが、この本に書かれている「実際にこのようにして成功している人たち」を参考にして飲食店を出店されたほうがいいと思います。

今までの本を読んで成功している人が数多くいるのであれば、「個人の飲食店が開業10年で5％以下しか残っていない」という実態にはならないはずです！

どうぞ、この本を読んで参考にしていただき、あなたの飲食店を成功させてください!!

周りの友人がどんどん失敗して飲食業を辞めていく中、私は自分のお店を毎月赤字約50万円の店から、黒字80万円の店へと成功させることができました。そのノウハウの一部をこの本に書きましたので、ぜひ参考にして下さい。

また、この本は執筆時点の東京エリアの飲食店をターゲットとして書いております。

出店する地域により、そこに暮らす人々の習慣や考え方、好み、飲食店に対する要望が大きく異なりますので、その地域にマッチした飲食店の開業をお勧めいたします（ご希望の方には個別に相談いたします）。

開業にあたっては、直接お話しなければ対応できないこともたくさんありますし、無料セミナーや個別相談を随時行っておりますので、何かありましたら巻末のプロフィール欄の連絡先をご覧いただき、お気軽にお声がけいただければと思います。

現在、飲食店を開業されると「成功の確率が推定8割以上」となる方法は、2パターン存在します。成功だけを目的としている方には、この2パターンの店舗スタイルを推薦しておりますので、それにつきましては、コンサルティング契約時にお話しいたします。

目次

第4章　飲食業で成功するために私がお伝えしたいこと……129

第1章
必ず押さえておかなければならない
最重要の3つの基本事項

ステップ1　コンセプトの作り方

お店を始めるにあたってはコンセプトが大事です。なので、そのコンセプト作りは、できるだけ時間をかけてやっていく必要があります。一人でやるのは難しいので、他の人と一緒にやったほうがいいでしょう。コンセプトは最初のもっとも核になる部分です。これがしっかりしていると、途中でさまざまなことが起こってもブレにくくなります。できれば、コンセプト作りの専門家と一緒に作るのが理想なので、頼りになる人をぜひ探してほしいと思います。

(1) 他の人とは違うお店のコンセプトを作る

お店のコンセプトを作るなら、他の人と違うコンセプトを作りましょう。お店を見た人、入った人に感心してもらえるようなコンセプトがあればいいと思います。基本的にお店というのは、おもてなしの心があふれています。コアなファンを獲得するためには、心あたたかいおもてなしをして、入って居心地のいいお店にするといいでしょう。そのためにどうすればいいかは、これからお話ししたいと思います。

(2) 自分自身のコンセプトを作る

お店だけでなく、何をするにもコンセプトが必要になります。これが確立されていないと、失敗する確率が大きくなります。でも、コンセプトがあってもうまくいかないケースもありますよね。それはどうしてなのでしょうか？

その答えは、**コンセプトの立て方が間違っている**からです。

一番最初に立てなければならないコンセプトには、自分自身のコンセプトと、仕事のコンセプトの二つがあります。この二つがマッチしないと、事業がうまくいかなくなってしまいます。気軽に考えすぎていると失敗しますので、このことを肝に銘じておいてください。

(3) コンセプト作りが大事な理由

ここでA君とB君という、2人の架空の男性を例にあげます。2人とも18歳から同じイタリア料理店で勤め始めました。10年間、同じ修行をして、同じテクニックを習得し、同じような料理が作れて、同じようなオペレーションができるとします。

この2人が独立してイタリア料理店を開くこととなったとして、果たしてそのお店の内装やメニューは同じになるのでしょうか?

答えはもちろん「No」です。

A君とB君は、18歳までの歩みが違っていて、育った環境や考え方も違います。ですから18歳以降は同じ環境にいたとしても、それぞれのやりたいことや得意なことは異なります。

なので、イタリア料理ができるからイタリアンのお店にすると決めるだけでなく、しっかりと根本からコンセプトを作り上げていく必要があるのです。

例えば、18歳までにどんなことをして来たか、何が得意でどんな評価を獲得したか、大好きなものが何かなど、自分が得意なものをリストアップしてみる必要があります。野球が得意だった、サッカーの市の大会で優勝した、料理が好き、英語が得意など、自身の特技や趣味を次々と挙げ、自分がいったいどういう人間なのかを整理してみましょう。

すると、同じ職場で10年間一緒に働いたA君とB君でも違った面がたくさんあるのがわかりますよね。


こうしてリストアップすることで、自分の強みと弱みが何かがわかってきます。すると、得意な分野を活かしたコンセプトが見えてくるでしょう。その後は、どういうお店がやりたいか、ライバルはどこにあるどんな店か、自分の店の強みは何か、逆に弱みや問題点は何なのかが、はっきりと浮かび上がって来ます。こうしてすべてを整理してからコンセプトを作らなければなりません。

ですので、コンセプト作りに時間をかけることが、お店作りの第一歩だと思って、じっくり、しっかりコンセプトを作り上げましょう。

もし、作り方がわからないときは、きちんとしたコンサルタントや優秀なコピーライター、成功体験を持つ人など、コンセプト作りに協力してくれる人にコンタクトを取って、一緒に決めることが必要になります。これをすることで自ずと、お店の形やメニューなどの骨子が決まってきます。ですので、これは軽視しないでください。

現在、起業した会社の中で、10年後に生き残っている企業は5％以下とも言われています。その5％以内に入るためには、しっかりした土台がなければなりません。時代が変わり、臨機応変に時代に乗って仕事をする場合でも、コンセプトから外れるのはよくないことで、気がついたら時代に流されてしまっているというケースも見受けられます。ですので、**コンセプト作りに成功すれば、お店作りの第一段階は成功した**とも言えますので、ぜひ時間をかけて決めてください。

(4) 具体的なコンセプトの作り方

では、ここでもA君とB君を例に挙げてお話しします。先ほど申し上げましたように、同じイタリアンの店で一緒に10年間修行して、それぞれのお店を出した2人ですが、仕事のスキルやテクニックが同じでも、両方のお店が同じようにお客さんが入るとは限りません。

それは育ってきた環境が違うため、生い立ちや核となるものが違うから、それぞれの人としてのコンセプトが異なり、結果的にお店のコンセプトも違ってくるのです。

このように、もしかしたら**テクニックや経験と同等、あるいはそれ以上に大切になってくる**のがコンセプトなのです。

先ほども申し上げましたが、お店のコンセプトを作るためには、まずは自分自身のコンセプトをしっかりと決め込んでいく必要があります。ここではその方法を見ていきましょう。

まずは、自分がこれまでどういう人生だったかを振り返ってみましょう。例えば、幼稚園や小学校の頃から思い出してみます。足が速くて運動会で一等賞を取ったとか、音楽で県大会に出場したとか、サッカーの選手になったとか、自分が得意だったことを書き出していきます。これは、中学、高校、大学（専門学校）ぐらいまで続けて書き出してください。そして、その中で一貫してやっているものがあったらそれをリストアップします。例えば、ずっとサッカーをやっていたとか、部活はしなかったがいつも釣りに行っていたとか、ずっとこの歌手のファンだったとか、特技でも趣味でもなんでもかまいません。そして、そのことをリストアップしたら、一貫してそれに取り組めた原動力は何だったのかを考えてみてください。きっと途中でやめずに貫くことができた、何らかの力があったと思います。それを書き出してください。

それが終わったら、今度は社会人になってから取り組んだことを書き出していきます。仕事と仕事以外のことをそれぞれ書き出してください。それから、それらに取り組んだことでどんな成果があったのかを書いていきます。こうすることで、社会人になってから自分がどんなことに取り組み、どんな成果が出たのかがわかって来ます。自分の来し方がわかれば、これから向かおうとしている方向も自ずと見えてくるはずです。

そこで今度は、自分がやりたいことを書き出していきます。飲食店を経営したいなら、どんなお店を出したいか、できるだけ具体的に挙げていきましょう。

例えば、ハンバーガー屋を出したいなら、「原宿で20代をターゲットにして、自分が得意なエビバーガーを売る」というように、どんな場所で、どんな雰囲気の店を出し、どんな他店に負けないメニュー（キラーアイテム）を用意して、どんなお客さんを取り込みたいかを具体的に挙げていきます。そのエビは東京湾で捕れたエビで、どんなこだわりのテクニックを使うかなどを挙げていけば、自分とその店の強みがどんどん明確になっていきます。

それが終わったら、今度は反対に「他の店に負けているところ」を挙げていきましょう。先ほどのエビバーガーの例なら「値段がチェーン店よりも高い」「知名度が低い」「お年寄りはあまり食べない（かもしれない）」など、次から次へ書き出していきます。その後は、ライバル店の強みと弱みを分析します。ハンバーガー屋でしたら、マクドナルド、ロッテリア、モスバーガー、ファーストキッチン、ケンタッキーなどがありますが、これらの店の強みと弱みを分析していきます。例えば、一般的なフランチャイズチェーンの強みは「ネーミングセンス」「知名度」「価格帯が安いと思わせるのが上手」などがあります。反対にその弱みとしては、「オリジナリティがない」、「日本中どこでも食べられる」、「サービスが画一的」といったものが一般論として挙げられます。

このようにして、自分と競合店の強みと弱みをすべて挙げ、自分がその中で勝ち残って行けるかどうか、勝ち残るためには何をすればいいか、それを決めていきましょう。こうすることで自分、そしてお店の立ち位置が決まります。

チェーン店にはない手作り感を売りにしたいのであれば、最大のライバルは手作り感を売りにしているチェーンになります。そのチェーン店のロースカツバーガーが大人気だとすると、それよりも安くて美味しく、量のあるものを作ることができれば、勝てるチャンスがあることがわかります。

このようにして、競合店を研究しながら、提供するメニューや価格帯を決めていきましょう。

また、ライバルとなる店は、違う業態の店舗にもあるかもしれません。例えば、ハンバーガー屋の近くにパンが充実しているカフェのチェーン店があれば、その店もライバルになりますし、広いイートインがあるコンビニなどもライバルになってくるかもしれません。またランチタイムなら、安いカレーチェーンなどもライバルとなり得るでしょう。

彼らに勝つためのポジションを見定めて、他店に負けないものや人を呼べるもの、話題性のあるものをお客様に提供していく。こうすることで、周りと互角に戦える力がついてきます。

重ねて申し上げますが、「イタリアンのレストランで修行したから、おしゃれなあの街で得意なイタリアンのお店を出そう！」という**夢だけでは、9割以上の確率で失敗する**と思います。

これではたとえその店のペペロンチーノが美味しくても、ペペロンチーノがおいしいということを誰にもわかってもらえないまま終わってしまいます。なので、コンセプトをしっかり作り上げることをくれぐれも忘れないでください。

(5) ブレないことが大切

開業前も開業後もさまざまなことが起こりますが、コンセプトだけでなく、他のこともブレないことが大切です。「美味しいね」とお客様が言ってくれるのに、お客様が店に入ってこない。こういう事態に直面したら、多くの方は周りをキョロキョロ見て、自分のやり方が合っているのかどうか自問自答し始めると思います。例えば、カレーライスの店をやっていて、自分の店が全然お客様が入っていないのに、近所のハヤシライスの店にはいつも行列ができている。こういう場合に、「うちもハヤシライスを作ってみようかな」と思う気持ちが出てくるかもしれませんが、絶対にハヤシライスを作ってはいけません。自分がカレーライスで勝負すると決めたのなら、最後までそれを貫く必要があります。料理は美味しいという評価を得ているのですから、そこを変えずに他の方法を考える。味やメニューに対する柔軟さは必要ですが、お店のコンセプトを揺るがすほどの変化をしてしまうと、今ついているお客様までが離れて行ってしまいます。なので、お客様の評価が得られているのなら、**ブレずに貫く強い志を持ち続けてください**。

(6) 数字化することの大切さ

お店作りで大切なことに「数字化」することがあります。売上、利益、原価、お客さんの数、客単価など、お店の経営では常に数字と向き合わなければなりません。ですので、目標を立てる際にも具体的な数字の目標を立ててください。売上、利益、客数、それを曜日ごと、時間ごと、月ごとというように、細かく設定し、その数字を達成するためにはどうすればいいかを考え実行していく。これは経営者として大切な要素となりますので、具体的な数字の目標を必ず事前に立てておいてください。

もう一つ、大切な「数字化」があります。それは「この地域のスイーツで一番」とか「この駅前のカフェで○番」、あるいは「口コミサイトの☆3以上」というように、**売上以外の評価としての数字化**のことです。お客さんの評価を数字化して、その目標を立てておけば、そのことが後でかならず大きな励みになりますので、ぜひこれも実践してほしいものです。

ステップ2　どこにも負けないメニューと味をつくる

(1) メニューはお店の命

　このステップではメニューについてお話ししますが、メニュー構成はお店にとって命とも言えるものです。おそらくこれからお店を開業される方は「僕のカレーを食べてほしい」や「オシャレな空間でオシャレな料理を提供したい」など、ご自身の強い思いがあると思います。前者の場合、店内の雰囲気もそのカレーに合わせたものになるでしょうし、後者の場合は理想の内装に合ったメニューを決めていく必要がありま す。このように内装とメニューは連動しており、前者のようにメニューによって内装が決まる場合と、逆に後者のように内装からメニューを決める場合と両方あることを覚えておいていただければと思います。

(2) キラーアイテムを作る

キラーアイテムとは、「他の競合店に絶対に負けない魅力があり、評判の良い、人を呼べる商品で、他にマネができないもの」のことを言います。

「そんなものが作れるのかな?」と、不安になった方もいらっしゃると思いますが、むしろそのように思った方のほうが、良い商品を生み出すことができます。

反対に、「当店のカレーは、誰にも負けない、素晴らしいものだ!」と自分で言っていても、周囲の評判が悪ければ、「美味しくないもの」となってしまいます。**いろいろな意見を聞き、素直で一生懸命努力する方のほうが、成功する確率は高い**のです。

では、キラーアイテムの作り方を見ていきましょう。まずは以下のことについて考えてみます。

・お店で何をやりたいか?
・お店のコンセプトから外れないものは何か?
・得意な料理は何か?
・他にあまりない、工夫すれば他店に勝てるものは何か?

これらの項目をピックアップして、ターゲットとなるアイテムを決めましょう。それが決まったら、そのターゲット商品を得意にしているお店に行き、実際に食べて評価、研究をします。

例えば、東京都内で開業予定でしたら、東京23区、横浜(神奈川)、千葉、埼玉まで足を運んでみましょう。食べて味を知り、研究し、何回も試作し、その商品を完成させていくのです。

試作したら必ず、友人や飲食関係者、調理の先生に食べてもらい、評価してもらいましょう。すると、その商品に何が足りないか、何をすれば美味しくなるか、が見えてきます。それを追求し、味や見た目を磨き上げると、ご自分もお客様もどちらも満足のいく、世界で一つしかないキラーアイテムが完成するのです。

このキラーアイテム作りで**もっとも重要なのは、他者からの意見を素直に受け止める心**です。受け止めたうえで、自分で消化し、作り上げていくのです。料理の世界では、味に自信を持っていて、周囲のアドバイスを聞こうとしない方も多いのですが、そのような方は、キラーアイテムと呼べるものを作れるようになるには時間がかかってしまうかもしれません。

（3）食べる前までに「美味しい」にする

とあるお店の前を通った時に、オーナーシェフの写真と経歴が書いてあり、お店の外観も美味しい食事が出てくるような雰囲気だと、お客様の頭の中にもう「美味しい」がインプットされます。

そのように、**店に入る前や料理を食べる前から、「美味しい」と思わせることはとても重要なポイント**です。

まず、外観的には、入り口は「入りたい」と思わせる工夫をしましょう。決して重厚で入るのを躊躇させることなく、気楽でカジュアルな感じで、素敵な雰囲気を心がけてください。お店の中に入れば、まるで、「料理の国」にやって来たようなイメージで、おしゃれで好感度が高く、きれいな内装や、整理整頓された清潔な印象をお客様に与えましょう。

案内人の素晴らしいオペレーションでお客様を席へ案内すると、綺麗で清潔感があるテーブルに、お客様はさらに居ごこちがよくなります。そして、出す食事も綺麗に皿の上に並び、色とりどりの食材を使用して、お店のこだわりを感じさせましょう。

まだ料理を口に運ぶところまで行っていませんが、このように食べる前から「美味しい」を感じさせることで、お客様のお店へのイメージが良くなり、「**忘れられない、**

また来たいお店」と思ってもらえるようになります。特に東京では多く見受けられます。

このすべてができるとは限りませんし、その必要もありません。また地域によっては、このような評価が得られない場合もあります。しかし、このことを忠実に実行して、お客様が並ぶお店作りに成功している人もいます。しかも、そのお店の食事は美味しいとも不味いとも言えない、普通の味なのです。重要なのは「普通の味で美味しい」と思っていただき、「美味しい」と言っていただくこと。私はこれはプロの条件の一つだと思っております。

これに「本当に美味しい」が加わり、そのお店にしかない「キラーアイテム」を持っていたら、成功の可能性はかなり高くなるでしょう。

（4）料理を美味しくする方法はあるのか？

飲食店の開業を目指す方で実際に料理を作ったことがない人はいないと思います

が、自分の味に自信が持てない方はいらっしゃると思います。そんな方に少しでも料理を美味しくする方法をお教えしたいと思います。

1 いろいろなお店に行き、美味しいものを食べる

美味しいものを作れる人というのは、美味しいものを知っている人です。そのためには自分への投資もしなければなりません。

それはどういうことでしょうか。

つまり、自分でお金を払って、美味しいものを食べに行くことです。世の中にある「美味しいもの」とはどんなものかを知ることがまず大切になります。美味しいものを食べ、どのようにすればこの味が出せるかを研究し、味を覚えてゆく。そして、自分でも同じ味が再現できるか試しに作ってみる。

誰が作ったかや人気店かどうかは関係ありません。あなたが実際に食べて美味しいと思う店をたくさん見つけ、その美味しい理由を分析する。この繰り返しがあなたの

料理を美味しくしていくのです。

出かけるのは国内だけではなく、海外に行くこともお勧めします。例えば、ワインを提供するお店を考えておられる方なら、やはりそのワインの産地まで行かれたほうが良いと思います。

ソムリエを雇ったり、インポーターなどのワインのスペシャリストの話を聞いたりするほうが簡単で手っ取り早いかもしれません。しかし、自分に投資して世界を巡り、フランスやイタリアなど、大好きなワインの畑に行ってみましょう。

その土地に行き、畑や木、ブドウの種類を見る。そして作り手と話し、作り方を知り、実際に作っている現場を見る。そのワインのセールスポイントは何か？ビン、コルク、ラベルの一つ一つに個性やセンス、こだわりがあるのか？「ああ、このワインはだから高いのか？」「このカベルネはこの木でこのように作ったのか？」「だからこういう味ができるのか？」といったことを是非実際に見て聞いて感じ取ってほしいと思います。

美味しいワインは、土や木、陽あたりなどの条件がすべて揃った畑でできる美味しいぶどうから作られています。そして収穫もワイン作りに適した実だけを選んで手づかみで収穫する。そのような作り方を見れば、美味しさの理由もわかり、自分のワインが選べるようになります。

そして、その土地で捕れる動物や魚介類、野菜などもワインと一緒に味わってみましょう。味わったら、自分のお店でこのワインに合ったどんな料理が提供できるかも考えてみてください。提供するワインにふさわしいメニューができれば、お客様へのワインや料理の説明も、さらに真心がこもったものになっていくのです。

こういった経験を数多く積むことで、提供する料理へのこだわりが生まれ、お客様からの信頼を獲得できると実感しています。

2 味に対する柔軟性を持つ

もう一つ大切なことは、味に対する柔軟性を持つことです。食べたものをそのまま美味しいと思うことも大切ですが、これに何かを足せばもっと美味しくなる、あれを足せばいいかもしれないなどと思う心、そんな柔軟性があなたの味覚を鋭くしてくれます。

味覚が一流の人は一度食べたら忘れないと言いますが、そこまでなくても大丈夫です。食べながら味覚を研ぎ澄まし、さらに美味しくする方法をイメージしてください。

料理というものは、たとえ別々の人が同じレシピで作ったとしても、感性や経験によって差が出て、それが味の違いとなるものです。なので感性を磨くことはとても大事と言えるでしょう。

味覚の中の、「甘い」「しょっぱい」「酸っぱい」「辛い」「苦い（渋い）」、この5つと「香り」をうまく表現できる人が美味しいものを作れます。例えば、甘くてしょっぱいソースの中に、酸っぱくて辛いものを入れると美味しくなる、というふうに、何を入れるとどう味が変化するかを、自分なりに理解し、応用していくことがポイントです。

私がこのことを感じるきっかけとなったのは、私の友人で四川料理の有名な先生の兄弟子の方がいらっしゃって、彼が作る四川料理はとても絶品でした。他の美味しい中華料理店の中華とも違う、忘れられない美味しさ。食べるたびに、「何が違うのだろうか」と思い、分析してみると、さきほどの5つの味覚の中の、他のお店では使わないような一つが入っていたのです。辛い四川料理なのに甘みが足されていたり、香りやオイルが入っていたこともありました。**その店独自の味を作り出すためには、やはりこうした柔軟性が大きなカギを握っている**のです。

3 両側からの発想が大切

私の考えで恐縮ですが、お客様にワインを提供するお店なら、「この食べ物にはどんなワインが合うか」だけではなく、「このワインを飲んで、何が食べたいか」を考えるのも楽しいのではないでしょうか。

例えば、お店にとあるワインが入荷したとします。お客様に「今日はこんなワインが入っています」と紹介する時に、そのワインに合う料理も一緒に提案してみるのです。もちろん、お店の自慢料理に合うワインを提案するのも大切だと思いますし、そのほうがお客様が安心されるケースもあります。しかし、いつも「この肉料理には、このワイン」という提案ばかりでは、常連のお客様に目新しい提案ができなくなってしまいます。

なので、料理に合わせたワインを提案するだけでなく、ワインに合わせた料理も提案するという「両側からの発想」を持つことで、新しいお客様だけでなく、常連のお客様にも高いサービスを提供できるようになると思います。

これを続けることで、「あの店主は、ワインのことをよく知っている」と言われるようになり、それがお店そしてあなた自身の看板となっていきます。

ここではワインを例に述べさせていただきましたが、他のお酒や食べ物についても同じだと思っております。美味しい日本酒を飲むと何が食べたくなるのか、美味しい魚料理を食べるとどんな日本酒が飲みたくなるのか、そういうストックを自分の中にいくつも用意しておいてください。

ステップ3　開業するにあたって必要な心構え

(1) どんなに美味しいお店でも、店主の心がけ次第でお客様は来なくなる

ここで皆様に悪いお店の例をいくつかご紹介します。

まずはハンバーグとステーキのお店の話ですが、店主は「俺のハンバーグは最高でどこにも負けない」「どうだ、美味しいだろう」と鼻高々。その割にお客様が少ないらしく、「こんな美味しいハンバーグをなぜみんな食べに来ない」「この辺の奴らは味がわからないからしょうがない」などと愚痴っていました。そんな話を伺い、実際にお店に足を運んでみました。

ランチは、ハンバーグと小さなサラダと小さなデザート付きで１４００円。毎日のランチで１４００円は、なかなか出したくない金額と言えます。で、お味のほうは、確かに美味しいが、最高というほどではなく、ＣＰも決して良くなさそう。食べ終わっ

てから「マスター、美味しかったです」とあいさつすると、店主は無言のまま口元の表情が少し緩んだだけ。まるで「ふん、当たり前だ」と言いたげな表情でした。平均よりおいしい料理を提供しても、店主がこんな態度で、こんな価格では、お客様は二度と来ません。このようなお店からコンサルティングの依頼が来たら、いくらお金を積まれても受けたくありません。

もう一つの悪い例をご紹介しますと、「○○キッチン」という、いわゆる、フライ物やハンバーグを出す、どこの町にでもあるお店です。内装はまあまあで、フロアの女性も感じが良いお店でした。清潔感があり、「なかなかいいですね」と思っていましたが、ランチ以外のメニューを見ると、ものすごく種類が多く、席数は30席をゆうに超える。お客様が一気に入ってきたら、絶対に対応できないのは、店を見渡したらすぐにわかりました。カウンター越しに厨房を少し覗いてみると、大きな業務用冷凍冷蔵庫が2台あり、その他作業台の下もその類の機器と思われます。

もうおわかりでしょう。そうです、冷凍食品を提供してるお店だったのです。

店主は、周りのお店をけなし、冷凍食品を出し、自分の料理を自慢する。最悪のパターンでした。わたしは「ここの店主は勉強しなければならないな」と思い、「△△というお店も、売り方や、店員も感じよく、美味しいので、一回行ってみてはいかがですか？」と言ってみました。すると、「そんな店、いいわけないでしょう！何言っているんだ、冗談じゃない」と言った具合で受け入れてもらえず。ここの大きな欠点は、冷凍食品をメインに扱っていて、美味しいものが作れない、ということよりも、自分のお店が一番で、他の店に学ぶことはない、というプライドを強く持っていることです。

「**他に学ぶものがないお店**」**などは存在しません**。店主の考え方が変わらなければ、成功は絶対にしませんし、このようなお店もコンサルティングはしたくありません。

(2) お客様が足を運びたいお店とは?

ではいったい、どのような店だとお客様が「また来たい!」と思ってくれるのでしょうか?

その条件には次のものがあります。

①まず、「入りやすい」(先味が良い)
②雰囲気がいい
③内装が良い
④その場所に合ったオシャレ感がある
⑤清潔
⑥店員が明るい・かわいい・親切・良い人(中味が良い)
⑦店主が親切

⑧店主が修行している感がある
⑨料理が食器に美味しそうに盛られている
⑩美味しい（がベストですが、まずまずの美味しさでも大丈夫）
⑪すべてにおいて、後味が良い（食事の後味、お店の後味、店員や店主の後味が良いこと）

この11項目の多くが揃っているお店が繁盛店であり、特に⑪は、繁栄するお店の絶対条件と言えます。なのでこれらの項目をクリアできるかどうかが、成功するための大きなポイントとなります。

（3）「時代に乗る」ことが大切

お客さんにもっとも言われたくない言葉が、「ダッセーなこの店」という言葉。これをお客様に言われたら、そのお店の終わりの言葉だと思ってもいいほどです（もちろん復活する方法もありますが）。

ちなみに、ここで言うダサいお店とは、今の時代に受け入れてもらえない店のことで、昭和の良い雰囲気を出しているレトロなお店ではありません。

例えば、若い女性をターゲットにした店があるとします。チェックが厳しい女子（特に女子高生や女子大生）が採点したとして、ギリギリ合格ラインの60点のお店とは、彼女たちが入店して「何も言わない、心の中でもダサいともおしゃれとも思わなく、食事も美味しいとも不味いとも思わない、言わない、プラスマイナス0のお店」のことです。

ある意味、女子に嫌われずに継続できる立派なお店なのですが、やはり何も言われないのは寂しいもの。せっかくなら、彼女たちにいろいろ褒めてもらいたいですよね。入店して席に着いたら「あ！かわいい」「おしゃれ〜」と言われ、パンケーキなどのスイーツを出したら、「メッチャ美味しそう」「何これ、かわいい」と言ってスマホで写真を撮りはじめる。さらにそれをインスタグラムで友達に発信し、最後に「あー、美味しかった」「また来ようね」と言ってお店を出て行く。ここまでしてもらえたら、女子受け90点以上の大合格店と言えるでしょう。

これは若い女性をターゲットにしたお店の例ですが、こんなふうに場所やターゲットにより、合格の基準も大きく変わってきますし、時代によって流行も大きく変わっていきます。

なので、**その時代に乗り、その時代の人の心を掴んだ人が勝つ**と言えるでしょう。

（4）飲食業をなめてはいけない

読者の中には、飲食業の経験がまったくないが、新たに開業したいと思っておられる方もいらっしゃるかと思います。かつて、私の知人でもそんな方が開業し、失敗してしまいました。ここでは、その経験をご紹介しておきます。

私がまだ会社員だったころ、「俺のイタリアンは最高だ」という知人がいました。彼は埼玉県の某駅から歩いて10分のところに、フレンチの居抜き物件を見つけ、そこに出店すると急に言い出したのです。

突然の話に私が「もう少し考えてみたほうがいいと思います」と言いましたが、知人は「お前はその物件を見たのか？」「俺のゴルゴンゾーラを食べたことがあるのか」と大変な剣幕でまったく取り合ってくれません。彼を説得するために「では、その美味しいゴルゴンゾーラを食べさせてください」と言って、彼の作ったゴルゴンゾーラを食べてみました。

食べた後で、わたしは彼にいくつか質問をしました。

「このゴルゴンゾーラの材料はどこから仕入れてますか？」

「作るのに何分かかっていますか？」

「作るときの注意点やコツはありますか？」

すると知人は「そんなことも知らないのか。教えてやってもいいぞ」と自信満々に答えましたが、最初の質問の答えは「成○石井だ」とスーパーの名前を挙げるなど、100点満点中0点と言いたいほどのものでした。お味のほうも初心者が作った料理といった感じでお話になりません。

たぶん厳しいだろうと思いつつも、かすかな可能性があるかもしれないと思い、最後の質問をしました。

「このゴルゴンゾーラの原価はいくらですか?」

すると彼は、「俺のゴルゴンゾーラは高いぞ〜」と言い、胸を張って「原価計算はこれからやるが、3600円だな」と悪びれずに答えたのです。

3600円のゴルゴンゾーラを食べる人は、世の中にいったいどのくらいいるのでしょうか?

私がそう尋ねると、彼は「こんなに美味しいゴルゴンゾーラ3600円でも安いくらいだ。だから素人は困る」と強い調子で私に言い放ちました。
その他のことを聞いても無駄なので、聞くのをやめました。

誰でもすぐに始められるのが飲食業ですが、成功する人が少ないのも飲食業です。なので難しい業界だと肝に銘じておいたほうが良いでしょう。

このような方が、いきなり飲食業をするのはやめたほうがいいと思います。もし成功する可能性があるとすれば、よほど出店場所の良いところを選んでもらい、他人の3倍は研修しなければなりません。それができないなら、食事を作らない、違う商売をやったほうがいいと思います。

そう彼に伝えると、彼は烈火の如く怒りましたが、その後結局、地方に行き、飲食店以外の商売をやっています。

これは、極端にダメな例ですが、やはり飲食店に勤務しなければ、わからないことがたくさんあります。**飲食をやったことがないと、成功する可能性はかなり低くなる**

のです。

飲食店は儲かるイメージがあるかもしれませんが、チェーン化するか、特別な場所でない限り、急に大きく儲かるようなことはありません。1店舗出して成功したとしても、それだけでは決して大きく儲かることはないのだと思って、地道に努力しなければならないことを覚えておいてください。

第2章
開業する際に必要な3つの基本事項（ヒト・モノ・カネ）

ステップ4　資金調達と出店する良い場所の確保

(1) 資金調達の方法

「私は素晴らしい開業コンサルタントです。これまで何千件も手掛けてきました。ですので、安心してお任せください」

こんな根拠のない言葉を並べる、ワケがわからないコンサルタントが多いのも飲食業の特徴です。往々にして彼らが最初に言うのが「まずは資金調達ですね」という言葉。繰り返しになりますが、「人、物、金、情報」で企業は動いているとはいえ、飲食店の開業の最初の段階から「資金調達ですね」とは考えられません。個人開業医などの医療機関や特別な施設など、素晴らしい資格や経験を持った人が開業するのではなく、ある意味 **〝誰でもできる飲食店〟** であることを忘れてはいけません。

コンサルタントが一番最初に把握すべきは、「開業する方がどのような人物なのか?」、そして、「飲食店を経営する目的は何か?」ということです。例えば、大金持ような〝開業して人生の逆転ホームランを狙っている〟ような方なのか…。それによっても、開業するやり方や目的、規模などが大きく変わってきます。その人を理解して（依頼者側からすれば、自分を理解してもらって）、目的や方向性を把握してこそ、依頼者と一緒に歩むことができるのです。

なので、資金についての質問も、「まずは資金調達ですね」でなく「どこにどのようなお店を出しますか？」「資金はどのくらいありますか？」「親族にお金を借りられますか？」と聞くのがコンサルティングの自然な形と言えるでしょう。

例えば、資産が少ないにもかかわらず、素晴らしいフランス料理のお店を東京の銀座に出したいという夢を持っている方がいらっしゃいます。自己資金は100万円で、残りの金額は銀行などから資金調達したい…。こんな場合の判断は、どうでしょうか？コンサルタントに依頼するまでもなく、誰でも判断と方向性がわかりますよね（笑）。

このような場合でも、最低なコンサルタントは、いろいろなところから資金を借りまくって無理にでも開業させようとします。依頼者が成功しようが、成功しまいが関係ない。自分の当面の利益や成績になればいいのです。

飲食店の経営は、「開業後もずっと順調です」というケースは稀で、初期段階では資金と体力が必要となります。

そのことを考えず、大金を背負わせるというのは、コンサルティングの名を語った悪魔と言ってもいいでしょう。〝もはや人ではない〟と断言してもいいと思います。

例えば、テレビに出るような有名なシェフや、有名なホテルやレストランで総料理長をしていたという方が、「そこで食べられる料理より、もっと美味しくて、お求めやすい価格で提供するお店を作りたい」と思ったとします。そのレストランに行くと、素晴らしい内装と従業員の最高のオペレーションで、価格も納得でき、来店したお客様はみんな満足してお帰りになれる。

このように何でも揃っている経営者であれば、よほど場所選びを間違えたり、家賃が高すぎるテナントに入らない限り、成功の可能性が高く、資金調達する金額が多くても大丈夫かもしれません。
しかし、ほとんどの場合、このように何でも揃っていることはなく、ここで〝本来の〟コンサルタントの出番となります。〝本来の〟コンサルタントとは、決してむやみに資金調達を進めず、依頼者の状況を踏まえて的確な資金調達のアドバイスができるコンサルタントのことです。

資金調達で大切なのはバランスです。オーナーになりたい方は、コンサルタントに相談する前に、以下の項目について整理しておいたほうがいいでしょう。

① どのようなお店を出すのか？（お店の種類、広さ、内装費用など）
② どのような場所にお店を出すのか？（お店の種類にあった場所を数か所選ぶ）
③ どれくらいの資産や現金があるか？
④ 親族にどれくらい資金を借りられるか？

これに並行して、メニュー構成、昼と夜の営業計画、事業計画書やＰＬ（損益計算書）やＢＳ（バランスシート）といった、事業計画の明確化や必要書類の作成も大切になります。

これらの計画や書類については、すべて自分で作成し、納得できるまで何度も見直し、修正するようにしましょう。それがある程度できたら、開業までに必要な資金と、開業後の資金の見通しも立ててください。どうしても開業後の資金を忘れてしまいがちですが、**開業前の資金よりも大切**と思ってください。この計画をしっかり立てることで、返済可能な必要な資金も算出されるでしょう。

必要な資金の金額がわかったら、そこで初めてどこから資金を借りるかを考えましょう。

まず初めに相談するのは、親や親族でしょう。次は公共機関、その次は金融機関（メガバンクや地銀、信用金庫や信用組合など）になります。自分でしっかり立てた事業計画で、確固たる自信に満ちた態度で接すれば、調達は可能だと思います。**資金調達は、堅実な順で借りる。1回勝負と思って慎重に進める**ことが重要です。

また、開業するにあたって、国や地方自治体から補助金や助成金が出ることがありますので、コンサルタントに相談して調べ、申請するようにしてください。

(2) 場所選びのポイント

お店の場所、ある意味これがもっとも大切な項目かもしれません。「**出店する場所があなたの人生を左右する**」と言っても過言ではありません。「俺の味は、場所を選ばない」「美味しければ、どこでもお客さんが来る」という考えは、開店前に捨てておきましょう。

1 場所に対する基本的な考え方

飲食店は「1に場所、2に場所、3、4がなくて、5に場所」です。場所さえよければ、不味くても人は来るのです。しかし個人のお店では、たまたま良い物件が確保できるかもしれませんが、**良い物件に当たる可能性は非常に低い**と考えてください。

テナント専門の斡旋業者やファーストフードなどのチェーン店には、出店に関する仕事を専門としている方々が多くいます。

非常に良い場所は、彼らが情報を早くキャッチして実行に移してしまうので、彼らとのマネーゲームになった場合は勝ち目はないと言ってもいいでしょう。

2 実際に足を運んで、その地域を知る

それでは、どうしたらいいでしょうか？ この時点ではもう、出店する店はどのような種類のお店か（お店のコンセプト）は、決まっていますね。そうしたら、そのお

店の種類のあった場所を選びましょう。

例えば‥

●パンケーキ屋…ターゲットである若者に人気のある、原宿・表参道・青山・渋谷など。
●焼き鳥や居酒屋…サラリーマンの帰り道。繁華街や下町、会社が多い駅のそばなど。
●安くて美味しいカレー屋(ハイチェアーでカウンタータイプの小さいお店)…キーワードは学生・ビジネスマン。早く提供してお客様の回転をあげる、など。

こんな風に、出したいお店のコンセプトをイメージし、それにあった場所を探しましょう。そして、数か所の場所のターゲットが決まったら、その地域をメインにしている不動産屋に行ってみましょう。「A駅付近3~4店舗、B駅付近で2~3店舗、C公園付近で2~3店舗」といった具合に候補を挙げ、足しげく通って情報を掴むようにしましょう。

それぞれの地域に行ったら、その土地のお店に入って飲み食いして、地域の人と話をして、その地域のことを知るようにしましょう。

その地域は昼間にどんな人がいて、夜にはどんな人が来るか。その年齢分布や消費動向などを、足を運びながら感覚的に掴んでいき、「その場所で繁盛しているお店はどんな店か」を理解してください。そうすると、**出店しようとしている店舗はその場所に合っているのか、そしてその場所で成功できるのか**、という二つの問題の答えが自ずとわかってきます。

もちろんネット上にも良い物件がありますので、常にアンテナを張って情報を入手するようにしておきましょう。

3 居抜きの物件は避ける

基本的にものすごく好条件や繁盛店でない限り、「居抜きの物件は避ける」ようにしてください。

評判の悪い不動産屋やそのような物件を紹介する会社は、お客様に良いことばかりを言って高額な手数料をとり、商売する会社が多いと聞きます。開業前は不安も多く、〝おいしい話〟があると飛びつきたくなる気持ちもわかりますが、決して騙されずに、「**居抜きの店舗を手放すのは、何らかの理由があるから**」と考えたほうがいいと思います。

出店する場所は、お店にとってものすごく重要な要素となります。**焦って出店すると必ず失敗します**。なので、よく考えて慎重に決断することが大切です。

また、気に入った場所が見つかり、契約へと進んだ場合にも、騙されないために契約書を隅々まで読んで理解し、不明点や問題点は締結前に不動産屋に質問して解決するようにしましょう。可能ならば、この業界の関係者や弁護士などのご友人に、その契約書を見てもらうことをお勧めします。

最後に、もう一度言います。「**出店する場所があなたの人生を左右する**」。

4 物件を決めた際のチェック項目

良い物件が見つかり、その不動産屋が問題ないと思ったら、いよいよ契約！と思うかもしれませんが、テナント契約の前に以下の項目について必ず確認しておきましょう。

①ガスは業務用仕様になっているか？

調理を主とする店舗を計画している場合、一般家庭用のガスでは足りない恐れがあります。既に業務用仕様になっているのか、なっていない場合は変更が可能かどうか、そしてその費用を誰が負担するのかなど、細かく不動産屋と話す必要があります。

②電気の容量は余裕があるか？

天井に空調を設置したり、業務用のオーブンやレンジを使用する場合、電気の容量も大きな問題となってきます。コンセントなどの配線の場所確認とともに、容量についても事前に確認しておきましょう。

③水の供給、排水関係は問題がないか？

調理、洗浄、清掃など、さまざまな用途があり、飲食業の生命線とも言えるのが水。お客様に美味しい料理や飲み物を提供するために、水はとても重要な要素となりますので、その供給方法や場所についても確認しておきましょう。タンク貯水からの給水の場合、タンク清掃の時期や回数についても確認しておいたほうが安全です。また、意外と大切なのがトイレへの給水方法。現状、水しか使えないのか、お湯も使えるのかで洗面台の設置についても大きく変わってきます。

④保健所の届け出について

飲食業のお店を開く際には、営業許可を取るために保健所に申請する必要がありま す。厨房内に手を洗う場所を作り、固定の石けん置き場を作るなど、細かい規則が定められており、それに従っていないと営業許可が下りない可能性があります。なので設計の際には、内装会社とその点についても相談をしておいてください。

⑤ 近隣との関係

開店するにあたっては、人間関係がやはり大切になります。開店前には、近隣にお住まいの方や、近くの同業者の方、また他の商売をされている方に挨拶をしておきましょう。よくコミュニケーションを取って持ちつ持たれつの関係になり、町内会などにも顔を出して仲良くする。こうしてその地域で人間関係を構築しておけば、何かあった時に助けてもらえることがあります。お店の営業をしていると、ささいなことからトラブルが生じることもありますが、こうして人間関係ができていれば、よほどのことがない限り苦情を言ってこなくなりますし、相手の言い方も自ずと変わってくることでしょう。

(3) 中小の不動産屋は信用できる?

私の経験からの鉄則で「中小の不動産屋はむやみに信じてはいけない」というのが

あります。彼らの中には嘘つきや無責任の会社もあり、そういう会社は客から金だけを取れれば、あとは知らんぷりを決め込むことも多いのです。なので、不動産屋と話し合う時には、完全に信用するのではなく、頭のどこかに「この会社（担当者）で大丈夫だろうか？」という警戒心も抱いておいてください（稀に素晴らしい方もいらっしゃいますが、そんな方に出会えた時は幸運だと思ってください）。

私の経験から、テナントを紹介するほとんどの不動産屋や内装屋、コンサルタントらは、たとえ非常に悪い物件であったとしても、それを「素晴らしい物件です」と紹介し、「こんなにお買い得で素晴らしい物件は滅多に出ません」などと言って、素早い決断を迫ってきます。その言葉を信じた方の多くは、その物件を契約し、内装費などの多額の投資をし、とてもオシャレで理想的なお店を作って、やがてお店をオープンさせます。しかし、華やかで夢があるのは開店前後の数か月だけ。その後、大半のお店は失敗に終わり、経営者の人生を大きく変えてしまいます。

このようなことがないように、この本を読んでいただいている皆様には、失敗を回避し、成功を勝ち取っていただきたいのです。

では、私が実際に体験した最悪な例をご紹介します。

やはり、最悪な物件を「最高だ」とうそぶいて私に契約を持ちかけてきた不動産屋がいました。何も知らない私は、その言葉を信じて契約し、オープンにこぎつけました。すると開業後に彼は「そのやり方だと、ダメだ」「だから素人に飲食店は無理なんだよ」「こんなに店の中が見えたら客が入らないよ」と私に言うだけでなく、近所の方や、その周辺のお客様に、私のお店のことをボロクソに言って回ったのです。協力してくれるはずの立場の人間が、いきなり敵に回ったのです。お店のファンを増やす努力をしても、お店のアンチを増やすスピーカー的存在がいては、なかなか軌道に乗りません。もちろん、こんな最悪な人間ばかりではないかもしれません。しかし、世の中にはこういう人もいて、その人のために大変苦労することがある、ということをご紹介しておきます。

（4）人を見極めよ

この章では、開業段階で必要なことを、体験を中心にご紹介させていただきました。オーナーを目指す方ご自身の準備や計画とともに、コンサルタントや不動産屋といった人の見極めも、開業後の生活を大きく左右することがおわかりいただけたと思います。

飲食店のコンサルタントには、料理をやってきた人、お店のオーナーだった人、飲食店に出入りしている業者、金融業界関係者などに加え、カフェスクールの修了者に狙いを定めて歩み寄って来るような人たちなど、さまざまな出自の方がいます。それまでのキャリアが異なれば、コンサルティングの方法や内容ももちろん変わってきます。なので、コンサルタントを見極めることは本当に大切になってくるでしょう。

これまでどのような実績があったのか？　開業前と開業後にどのようなフォローをしてくれるのか？　そこをよくご判断なさってください。

ステップ5　開店準備の内装のポイント

お店の場所が決まったら、次は開店準備です。お店の内装やメニューを考えるというのは、言わば自分の理想の店舗を作るという夢が現実となる時であり、一番楽しくて、ワクワクする瞬間です。ここでは、そんな開店準備で失敗しないためのコツについてお話しします。

(1) 内装のコツとは？

開業するお店のコンセプトを決め、メニュー構成や価格帯をイメージして計画を立て、お店の場所を選んだら、次に重要なのがお店の内装になります。その地域のお客様は何を求めているかを掴み、その場所にあった、メニュー構成、価格帯、内装、導線がすべてマッチしたとき、自ずと店は繁盛していきます。ここでは、内装のコツについて紹介します。

1 費用を考慮した、効率の良いお店にする

お店の内装を考える上で大切なのは、効率の良いお店にすることです。そのためには次の４つの項目が大切になります。

①ハード面の費用はいくらか?
②追加工事の費用を確保する
③坪数は理想的か?
④内装設計・施工会社は大丈夫か?

2 ハード面の費用はいくらか?

内装工事、空調などの設備、什器、備品、冷蔵庫・レンジなどの電気用品の費用は

いくらか？ ハード面の費用内で工事を進めてください。

3 坪数は理想的か？

物件を選ぶ時に大事なことに、お店の広さがあります。自分が理想とする飲食店に合っているのか、事業計画に合う席数なのか、自分がオペレーションできる広さなのか、これを元に考えてみましょう。

私の場合は、お店を選ぶ際には、広さが10坪以内のお店と決めていました。その理由としては、

① 一人でもなんとかできる広さで人件費も抑えられる
② お客様が少なくても、1日のマイナスが少なくて済む
③ 10坪だと最大でも20席程度なので、混雑している時にはお店の外に行列ができ、人気店だというPRすることができる

という3つがありました。

つまり、**小さいことはお店にとって有利になる**のです。

皆さんのお店が将来繁盛したとしても、絶対にお店の敷地を広げるようなことはしないでください。お店を広げてしまうと、前記の3つのメリットがすべてなくなってしまいます。混雑時も店の外に行列ができなくなり、ヒマなときの人件費がかかり、人が来ない時には赤字が増えてしまいます。もし、どうしても拡張したいのであれば、少し離れたところに同じようなスタイルの店をもう一店出店してください。すると、その店にもお客さんがつくだけでなく、従来の店が込んでいた場合もお客さんをそちらに誘導することができます。だから、もし人気店になり拡張したいと考えているのでしたら、同じ店をもう一店舗増やすことをお勧めします。

(2)「内装会社」と「内装設計会社」「内装工事会社」

初めて開業を目指す方にはなじみがない言葉かもしれませんが、一般的に、内装会社には、内装設計会社と内装工事会社が別々の場合と、両方を行う内装会社の2種類があると思ってください。

ここで重要なのは、内装関係に不動産会社は関わらせないことです。

ステップ4で書きましたが、中小の不動産会社には評判のよくない会社もあります。そうした会社の中には、契約した物件（テナント）の内装工事は不動産会社を通すように要求し、マージンを取っているところもあります。万が一、素晴らしい内装会社を紹介してもらえるなら、百歩譲ってそれでもいいのですが、こういう不動産会社の下で工事をする会社は、たいてい設計もろくにできず、施工もいい加減、納期も遅れ、追加工事費を取られ、酷い内装になり、結果、当初の見積もりよりも費用が高く、イメージと大きく違った内装となってしまいがちです。なので絶対に中小の不動産会社に内装工事を依頼してはいけません（大手の不動産会社は、お客様との関係を大事にするので、そのようなことは少ないと思っております）。

私の知人の飲食店オーナーが、ある中小不動産会社に内装工事を依頼した人がいました。その方は、当初は設計士に依頼する予定でしたが、不動産会社から突然「ここは建築条件付き物件です」と言われ、「そんな話、聞いてないよ」と訴えましたが受け入れてもらえず、しかたなく不動産屋に建築を発注しました。

その結果、イメージと異なるとんでもない内装ができあがり、借金と好きでもないお店の両方を抱える悪夢のような結果となってしまったのです。

どんな内容かと申しますと、

工期は約2週間の遅れ、仕上げが酷い、指定した材質（床材や壁材、ドアの材質など）が変わる、空調関係も天井に取り付けるタイプの予定が壁掛けタイプになる…。でき上がりを見てガッカリしていると、おまけに追加工事費の請求まで来たそうです。

中小の不動産会社に内装を依頼すると、こんなことになってしまう恐れがあるのです。なので「条件付き物件」と言われたら、「その物件はやめる」としたほうが得策です。

では、どういうふうに依頼するのがいいのでしょうか？

1 「内装設計会社」と「内装工事会社」が別々の場合

内装設計会社と内装工事会社が別々の場合は、本当に評判の良い設計の先生に頼まなくてはなりません。内装設計会社の実力次第で良い内装にも悪い内装にもなるからです。ただ、設計は依頼者と設計担当者が一緒に行いますので、しっかり打ち合わせすることで、良い設計ができ上がるでしょう。

次に施工ですが、これは依頼者が施工するわけにいかないので、内装工事会社次第で結果が変わります。すべては内装設計会社に任せればいいのですが、工期の途中に現場に行きチェックしたほうがいいでしょう。予定通りに進んでいるか？きれいに仕上がっているか？どのような人が工事しているかを見ておく必要があります。また、依頼者がしっかりと現場を見ていると思われることで、手抜きをさせない効果もあります。

2 追加工事があったら…

追加工事の話が来たときは、打ち合わせの段階で見積もりに入っているか、入っていないかの確認が必要です。入っている場合はもちろん費用は払いません。入っていない場合は、その後打ち合わせの上で費用を決めましょう。酷い内装会社は、最初に安い見積もりを提出して工事を受注し、工事途中や工事終了が近くなった時に追加工事を請求し、支払わないと工事を途中で止めたり、予算に合わないと言って勝手に安い材料に変更したり、計画と異なる内装に仕上げるケースがあります。

そんな業者ではなく、開業後も依頼者からのクレームや補修工事の対応を快く引き受け、無償で対応してくれる会社に依頼しなければならず、評判や信頼できる方からの紹介などを参考にして、慎重に選んでいくことが絶対に必要です。

3 両方を行う内装会社の場合

このような会社は数多くありますが、大手の会社が多く、費用も高めです。仕事の内容としては、自社でデザイン設計を行い、下請けの業者が工事を行います。内装会社は、現場監督を行い、納期を守り、設計や進行チェックし、什器・電気器具・ガス器具の搬入、仕上がりのチェックなどを行います。

この場合、その会社の評判を重視して会社を選ぶことが必要です。約束の金額通りなのか？ 内装の仕上がりは設計通りになっているか？ 納期は守ったか？ 後になって突然、追加工事料金を請求する会社ではないか…。

また、設計会社に依頼するのと同様に、開業後もしっかりフォローしてもらえるかも重要な項目の一つです。開業すると不具合は必ず出てきます。その時にしっかり対応してもらえるか、これも内装会社を選ぶ大きなポイントの一つとなります。

ひどい会社は、開業後はフォローをしません。完成したら即終了です。電話に出ない、依頼しても回答しない、補修工事をしない、何にもしてくれない…などのケースが多く見受けられます。この場合も、経験のある方や信頼できる方からの評判を聞いて、判断することが重要です。

また、その会社がこれまで手掛けた飲食店や商店などを見て、さらに可能ならば、その店のオーナーに話を聞いてみるのもいいでしょう。

何らかの問題があれば、設計会社や内装会社の方と相談して対応することが必要となります。ですので早めに把握し、伝えるようにしておきましょう。

4 内装会社が必要な方へ

これまで私が手がけてきた案件に携わってくださった関係者の中には、素晴らしいデザイン設計を行う設計士や、低価格ながら品質に自信がある職人気質の内装会社、施工会社など、信頼できる方々が多くいらっしゃいますので、ご紹介が必要な方は無料セミナーを開催しておりますので、ぜひご参加ください。

（3）どのようなお店を出店したいか？

さあ、いよいよ「夢に見た、自分の最高の城を作る瞬間」がやってきました。ある意味、この「自分の城」を作るために、お店を開業すると言っても過言ではありません。

そこで失敗しないためにやるべきことを考えましょう。ここではカフェを例に挙げてご説明いたします。

1 自分の理想の飲食店を具体化してみる

「大切なのは、夢を描き、成功を確信すること」です。

まずはカフェや内装デザインの雑誌をチェックし、今流行っているカフェの情報をキャッチし、大好きなカフェに行ってみる…。こんなふうに自分の理想をイメージしてみましょう。それができたら、ご自分で実際に絵や図面などに理想のカフェを具体的に描いていきましょう。外観、内装、照明、厨房からトイレに至るまで、すべて自

お店の外観例

分のオリジナルのイメージを完成させていくのです（資金が豊富にある方は別ですが、一般的には予算が高くなりすぎないように、気を配ることも必要となります）。

2 デザイナーやデザインのわかる設計士との打ち合わせ

絵や図面ができたら、そのデザインを見せながら、打ち合わせをしましょう。この時の図面は実際にテナントができるまでの理想のデザイン設計として、大切に持っておいてください。

一般的には、テナントを先に決めてからデザイン設計を決めることが多いのですが、テナン

お店の内装例①

トを決める前に、自分の方向性を定めて図面にしておくことも重要であると思います。空間の制約がない状態で描いた理想は無限大です。理想を持っておくことで、理想に近いテナントを探しやすくなりますし、場所によってはそれが実現できないかもしれませんが、テナント次第で臨機応変に対応することも可能になります。

なので、**まずは何にも縛られない状態で、自分の理想を描いておきましょう。**

その自分で描いたお店を具体的に落とし込んでいく。ここで絶対に必要なのは、「**自分の理想のお店が、今の時代、地域の人に受け入れてもらえるかを検証すること**」です。そこがクリ

お店の内装例②

アできて初めて理想のカフェを出店できます。

最後にご自分で描いた理想のお店ですが、**自己満足にならないように心がけてください。ご自分がよくても、お客様が不快と感じる空間はいけません。**常識の範囲で夢を描いてください。

また、メニュー構成についてはステップ2で詳しく書きましたが、一般のカフェにあるようなお決まりのメニューでは夢がなくなるので、ご自分の得意な料理や他店とは異なる料理や飲み物を用意するのが必須となります。「**美味しいお店でなければ、絶対にお客さんは来ない**」と肝に銘じてください。

ステップ6　有能な人材を確保する

飲食店の経営でもっとも悩ませられる項目の一つが人材の確保です。いざ、店舗を立ち上げようとすると、やはり「企業は、人、物、金、情報で動いている」ということを本当に痛感させられます。個人や親族で経営するならば問題ないかもしれませんが、だいたいは他人を雇用するケースが多いので、人材の確保が成功の大きなカギとなるでしょう。

(1) 人材を確保する6つの方法

では、人材を確保するには、どのような方法があるのでしょうか？　比較的すぐに実行できるものとして、次の6つの方法があります。

①ネットや雑誌、新聞の折り込みなどのツールで募集
②仕事仲間や友人の紹介
③公共の人材紹介所（ハローワーク）
④民間の人材派遣や人材紹介
⑤お店に人材募集の広告を貼り、地元の人やお客様のネットワークを活用
⑥ヘッドハンティング

私はこれまでこの6項目をすべて実践しました。それぞれの結果は、以下の通りでした。

①ネットや雑誌、新聞の折り込みなどのツールで募集

掛かった費用：約50万円
結果：ほとんど反応なし

1件だけ連絡があり、日時を決めて、相手の到着を待っていましたが、結局来ませんでした。しかも、来られない旨の連絡もなく、かなり無責任な相手でした。

新聞の折り込みでは、「こんなもの新聞に入れやがって」と、オジサンからのクレームが来た他に、近所の主婦からの問い合わせが数件あった程度でした。費用をかけた割には反応が悪く、無駄に費用を使ってしまう結果になることが多く、あまりお勧めできない方法です。もしされるなら、ダメ元で50万円を捨てるぐらいの気持ちでされたほうがいいと思います。募集の形式は必ず「正社員・アルバイト募集」で、アルバイトの方には、「希望時間お聞きします」など、**融通が利くこと示す文面を入れること**が重要です。

② 仕事仲間や友人の紹介

これは①よりも期待できる方法です。しかし、職を探している方にはさまざまな理由があり、中には、今の仕事を辞めたい人、職場を転々としている人、協調性がない人など、一緒に仕事するのが難しい方もいるので、よく見極めることが大切です。

私の経験から申し上げますと、**わずか数十分の面接をしただけでは、その人の性格や技術はわかりません**。なので、実地研修という形をとって、何日かに分けて、数時間ずつ一緒に働くといいでしょう。すると、その人の性格や技術、私生活がわかってきますので、そこで判断していけば良い結果が得られると思います。

③ 公共の人材紹介を利用する

公共の人材紹介とは、ここではハローワークを指しますが、これは絶対に外してはならないと思います。世の中には「ハローワークから飲食業に来る人のレベルは…だいたいわかるでしょう」などと言う人もいますが、決してそんなことはありません。確かに、中には労働条件をうるさく言い、全然働かない人もいます。また、ハローワークから渡された書類に記入するために、面接をしたという証明だけを貰いにやってきて、「勤務する気持ちはありません」とハッキリ言ってくる人もいました。それでも「ハローワークがそのようなシステムになっているのだから、しょうがない」と割り切り、粘り強く、ハローワークに行くことが必要です。**良い人は必ずいます。**

④民間の人材派遣や人材紹介を活用する

これは、費用は掛かりますが、手っ取り早く人を補充できる方法です。なので、働き手が誰もいない場合は、当面の手立てとして活用するのもいいでしょう。しかし、紹介料や派遣会社へ支払う費用を考えると、人件費が膨れ上がり、結局長くは雇用できないと思います。

⑤お店に人材募集の広告を貼り、地元の人とお客様のネットワークを活用する

私はこの方法で成功しました。メリットとしては、募集費用が掛からないという点がありますが、決してそれだけではありません。

この方法の最大のメリットは、応募される方がすでにお店に来ていただいたことが

あり、お店の雰囲気や、料理の味を知っていることです。

私の場合、お客様としてお店に来られていた地元の主婦や女子大生の方々が、アルバイト募集の貼り紙を見て、応募してくださいました。その理由としては、お客様として来られた時に、「マスターが優しそう」「お店がオシャレで清潔感がある」「料理が美味しい」などの印象をお持ちになり、「このお店で働きたい」と思ったからだそうです。お客様としてお店や料理に好印象を抱いておられる方々でしたので、どなたもお店を心から愛してくださっています。お店をさらに良くするために積極的にアイデアも出してくださり、そんな彼女たちに支えられて、お店のほうも長きにわたり順調に運営しております。

来ていただいたお客様が、お店のことを好きになり、スタッフとしてお店で働くようになる。**そのための第一歩は、来ていただいたお客様が「ここで働きたい」と思えるようなお店にすることです**。そうしなければ、オーナーの思いを共有できるスタッフはなかなか集まらないでしょう。**私のお店も、「お客様が作り上げてくださったお店」**

であり、もし彼女たちがいなかったら、お店も半年も持たなかったかもしれない、とも感じております。

⑥ヘッドハンティング

長くなりますのでここには書けませんが、私どもが開いている飲食業開業希望者のための無料セミナーに参加された方には、実際にお会いした際にお話しさせていただいております。

以上の6つの方法と成果をご紹介させていただきましたが、現在ではこれに加えて、お店のホームページや、フェイスブックなどの人的なネットワークを活用して人材を確保する方法も効果的です。

また正社員の募集の場合、雇用者の多くは低賃金で良い人材を希望されますが、そのような人材は稀であり、〝まず、いない〟、と思っておいたほうがいいかと思います。

これらの方法で人材を確保できたならば、次はその人材の教育に移ります。

(2) 従業員の教育

1 「人は大切である。人は宝である。そして人は質である。」

質の良い人材を雇用できたならば、その人を宝だと思って、大切に育てていきましょう。その第一段階として、まずは「その人を認める」ことが必要です。

何ができ、何ができないか？ 何が得意で、何が不得意か？ 経営者としてこの人に何をしてあげられるか？ そういったさまざまなことを判断することが必要です。

質の良い人材は、勝手にお店を辞めるようなことをせず、仕事への姿勢も真面目です。そんな働きぶりを見ていると、何でもできそうに思ってしまいがちですが、彼らにも不得意なことは必ずあります。そんな状況に出くわした時に、ただ単に説教したり、彼らに失望したりしていては人材育成にはなりませんし、本来真面目な彼らの仕事への意欲を奪ってしまいかねず、大切な人材を自らの手で手放してしまうことになりかねません。

では、こういう場合は、どうすればいいのでしょうか？

もし、彼らに教えてもなかなかできない仕事があるなら、まずはオーナーが自ら手本を示してみましょう。それでもできなければ、今度は二人で一緒にやってみる。それもできなければ、その人が何ができるかを考え、できることからやってもらいましょう。決して短気にならず、粘り強く励ましながら、相手を一人前にしていこう、という気概が必要です。

2 質の悪い人を雇ったら…

質の良い人材を育てるためには、忍耐が必要であることを肝に銘じておいていただければと思います。その一方で、質の悪い人に出会ったならば、早めに去っていただくことが必要になります。次に、その一例をご紹介します。

この業界で特に目につくのは、「俺はすごい！」と思って仕事をしている30歳前後の若者です。私が以前、とある友人のお店に、客として（つまり、社長の友人として）行った時のことですが、上から目線で「しょうがないなあ、作ってやってもいいよ」とでも言わんばかりに、お客様に対して非常に失礼な態度を取る従業員を見かけました。「あなたの一番得意なものを作ってください」と頼んでも、出てくるのは遅く、美味しくない料理。

その若者は「俺は料理の先生だ」と言っていましたが、社長に聞いてみると、「料理の専門学校でアシスタントをしていたレベル」とのこと。プライドと料理の味がアンバランスで、プライドばかりが高すぎるのでしょう。このような人を雇用した場合は、煽《おだ》てて仕事をやらせるのではなく、自分の立場や実力に気づかせることが必要になります。それをせずに煽《おだ》ててやりたい仕事ばかりやらせると、いずれ雇用者の命令を聞かなくなり、かなり苦労をすると思います。

3　従業員にレジを任せられますか?

良い人材には、レジを任せられます。しかし、そうでない人にレジを任せると、伝票と金額が合わないという事態が必ずと言っていいほど発生してしまいます。かといって、オーナーが営業時間中、ずっとレジの前に張り付いている訳にもいきません。そんな場合、どのような対策をすればいいでしょうか?

レジの問題や金銭に関連する問題は、とてもデリケートなものですので、本書では割愛させていただきますが、人材の確保の方法と同様、無料セミナーなどでお会いした際にぜひお話させていただければと思います。

いずれにしても、**良い人材の確保は成功への重要なファクター**です。

開業するにあたっては、この点に特に力を入れていただき、人材の確保をしてください。

第3章

他と差をつける成功の鍵を握る攻めの集客

ステップ7　集客で成功する方法

(1) 両輪が大切

開店後のもっとも大きな課題と言えるのが集客です。

お店がある地域で宣伝することももちろん大切ですが、決まった範囲だけで宣伝していても効果は限られています。

集客で成功するためには、ネットワークを作っていくことが大切です。

そのネットワークとは、現実社会で作るリアルなネットワークと、インターネットで作るＷＥＢのネットワークの二つがあります。

リアルのネットワークでは、いろんなところに足を運び、人脈を増やして行きましょう。私も開店当初は集客に苦労しましたが、いろんな方と出会えたことがきっかけとなり、お客様が増え、今ではイベントをするたびに全部満席となっております。

一方、ＷＥＢのネットワークはお店のホームページや口コミサイト、さらにはフェイスブックなどのＳＮＳの活用などが挙げられます。

もはや今では、自分の店や料理の宣伝、**集客は、リアルとＷＥＢの「両輪」でやらなければならない時代**となっています。この二つをうまく活用していかないと、そのお店の繁盛はないと言ってもいいでしょう。

ＷＥＢの集客に関しては、一筋縄では行きませんが、この後に書いてありますので、ご参考にしていただければ幸いです。

(2)「待ちの集客」ではなく、「攻めの集客」を

集客の方法には、大きく分けて「待ちの集客」と「攻めの集客」の2種類があります。一般的な指南書やコンサルティングでも、多くは「待ちの集客」だけをやっていると言えます。

しかし、実際のところ大切になってくるのは「攻めの集客」です。例えばメールや食べログのようなグルメサイトの口コミ、さらにはお店のホームページといったものがこれにあたりますが、これはもうどのお店も実践していることなので、これだけでは「攻め」とは言えないでしょう。

結局は**開業したお店のファンを増やすこと**がそれにあたると言えます。私の店も最初は大変でしたが、多くのファンの方に支えられ、愛されるお店になりました。ぜひ私のお店に、そのファンを増やす方法を教わりに来てほしいと思います。

ポイントは、自分をいかにアピールするか。アピールの仕方には、ホームページのビジュアルとキャッチコピー、さらには名刺やパンフレットなど、ネットでもリアルでも差別化できる方法があります。一つひとつが自分の武器となりますので、名刺1枚にしても、コンセプトを生かして作ったほうがいいでしょう。

（3）「待ちの集客」では時間がかかりすぎる

集客には2種類あると申しましたが、「待ちの集客」だけを実践しているのでは、集客できるようになるまでに時間がかかりすぎてしまいます。どんなお店でも開業当初は赤字になるケースが多いのですが、「待ちの集客」だけですと、赤字の期間が長くなり、その期間でやめる人も多くなります。なので開業前から「攻めの集客」を進めておくことで、お店の経営状態の立ち上がりが早く、その結果、低迷期が短くなるので、有利に店舗経営ができるようになるでしょう。

（4）集客はお店の仕事の中で一番難しい

世の中に「私は素晴らしいコンサルタント（またはビジネスコーチ）です」と言われる方はいますが、私は「お客様が満足いく集客ができないなら、素晴らしいコンサルタントやコーチとは言えない」と断言します。それほど集客というものは難しい仕事なのです。

例として、自分の店で毎月ワイン会を開催することとします。

1月は、すぐに満席（30人）になり、人数オーバーでお断りするくらい人気がありました。しかし、2月の参加人数は約3分の1の10人以下になり、3月にはさらに減って3人以下になる。このように減っていくのが大方の現状と言えます。

しかし、このような減少曲線にならない方法があります。その方法を生み出し、毎月200人以上の集客に成功した方がいます。私も実際にその方法を教えていただいた時、「本当にすごい！」と感心いたしました。

その方法を身につけ、私のお店のイベントの際にはかなり役立たせていただいております。例えば、私は友人と隔月で共同イベントを行っているのですが、以前にやったイベントと比べて、2回目以降の参加者の減少がなくなり、安定した集客が可能となり、回を重ねても前回以上の方にご来店いただける時もあります。

イベントでは、次につなげる魅力ある提案やお客様へのメリットを訴えることもとても重要になります。私は毎回のイベント終了後にはお客様にアンケートに記入していただき、参加された方々の情報をご提供いただいて、次回のご案内とお客様へのメリットの提案やご相談をさせていただいております。

セミナーやイベントを含め、多いときは1か月に4回ぐらい集客を行いますが、この方法を身につけてからは、集客率がかなり上がったことは間違いありません。

ですので、新しいお客様を一人獲得することは、本当に貴重であることを肝に銘じ、集客に多くの力を注ぐことがとても重要となります。

新しい顧客を獲得する価値は、大変恐縮ですが、お金に置き換えると、ある意味、「1人あたり数十万円以上の価値がある」と考えてもよいと思います。**コンサルタントやコーチを名乗る方々は、ご自分で集客の手本を見せ、指導できなければならない時代が来た**と実感しております。

(5) いろいろな集客方法

集客の費用は自分で立てた事業計画の予算内で進行していかなければなりません。ですが、飲食店の成功の可否はどんな集客方法を取るかにかかっているといっても過言ではありません。予算や時間を多く配分し、ここに全ての力を注ぎましょう。

1 ホームページを工夫する

ホームページはお店の顔です。ただの売り込みや開業支援のセットの一部として提案してくる業者などに依頼してはいけません。

少々予算が高くなっても、

・実績あるホームページを作成する会社
・優秀で実績のある、ホームページのできるコピーライター

などに依頼するのがベストです。しかし、予算的に厳しいとお考えの方は、ホームページが作成できるご友人などに協力してもらい、ご自分でお作りになるのも良いと思い

ます。

世の中には、見たくないホームページもたくさんありますよね。いかにも…とばかりにギラギラしているもの、たくさん情報が書いてあっても何だかよくわからないもの、食べ物の写真が多すぎて特徴のないもの、居酒屋などお得感だけをアピールしているもの、食べ放題以外に訴えるものがないもの、変わった店長が出てくるもの、などがその例になります。

ホームページにも言えるのは、**必ずお客様からの目線で作成していくことが大切だ**ということです。特に「素敵なコピー」は目を引き、興味をそそります。その「素敵なコピー」とともに、お客様にとってお得な情報、興味が持てる情報を必ず入れてください。

次に大切なのは「魅力ある写真」。魅力あるビジュアルを、ポイントごとに入れていくことも最重要事項です。写真や素敵なイラストは、「素敵なコピー」とは別の観点からお客様に興味を持たせます。「瞬時に判断する魅力」これも重要です。例えば

「あ！可愛い」「お〜、うまそう」「これ絶対に食べたい！」「こんなお店、見つけちゃった」「この美味しそうなカレー一緒に食べに行こう」「〇〇さん、この素敵なお店知ってた？」「なにこれ？見たことない」「東京都で3番目に美味しいんだって」などのように、他にはない特別感を出すことがとても重要です。

2 人間の行動を分析せよ

何か難しいことを言っていると思われるかもしれませんが、簡単に考えてみましょう。

例として、バーを3店ご紹介いたします。いずれも成功を収めているお店です。

A店の話

いつもお客様で溢れ返っているバーが都内にあります。私は「東京都で1番のバー」と言っております。そのバーがすごいのは、「真冬で冷たい雨が降り、駅から少し遠いのに満席」なのです。普通なら「閑古鳥」でしょう。そして、満席でも、そのバーの主人は、少しでもお客さんとお客さんとの間に隙間があると、「あ～ごめんね」と言ってお客さんを詰めて座らせます。しかもメニューはなくて、値段不明。伝票なし、レジもレシートもなし。お客様によって値段が違う（と思われる）。領収書はお客さんが依頼すると、とりあえず手書き。安い内装（間接照明で雰囲気を良くしている）、常連が多く新規のお客様が入りにくいなど、悪条件のてんこ盛りですが、大繁盛。

それでは、なぜお客様が来るのでしょう！　それは悪条件でも「来たい何かがある」からなのです。それは「人の行動する理由の一つ」を持っているからです。

簡単に説明すると、

「行きたい」↓なぜか？↓「期待している」↓何を？↓「もしかしたら」↓「希望が叶うかも」↓「欲求を満たす希望を与える」↓「理由の一つの可能性を大きく持たせる」↓1日おきに通う、となるのです。その先の先に行動目的とするものがぶら下がっている、「人間の根底にある欲求を満たすことを期待させるものを持っている」お店なのです。

ざっと計算しても月間の売り上げは1500万円（年間1億8000万円：推測）はあるでしょう。値段不明、レジなし、希望した場合のみ領収書を発行。お聞きしたところによると、所持しているのはキャッシュで数億。不動産だけでも、都内の一等地に6階建てのビル、一等地に大きいお屋敷、海外含め2つの別荘。それと、「税金対策もバッチリ」と私にお話しになりました。これには恐れ入りました。

このお店のように成功すれば、この収入は夢ではありません。ここのオーナーは、このバーだけで財産を築いたのです。みなさんもこの「人の行動する理由の一つ」のポイントを上手くつかめば、このお店と同じようになれると思います。

＊A店についてはここでは詳しく申し上げられないので、個別相談の方にのみご説明

いたします。
次のバーのパターンをご紹介します。

B店（ワインバー）の話

このバーは駅に近いが、狭く古い。通常はマスター一人で切盛りしているが、パーティーや金曜日などの大勢お客様が来店されるときに若い女性がアルバイトで手伝う。という普通（どうってことない）と思われるワインバーです。ここも、何故かほとんど満席状態で、カウンター立ち飲みもあり回転も良好。なぜ、ほとんどの日が満席なのか？ここも「人の行動する理由の一つ」を自然と実践しているのです。

このマスターは「若い女性に広く人脈を持つ方」です。だいたい毎日、マスターの人脈による素敵な女性のお客様がご来店。マスターの勧めで窓際に座り外から見える。毎日素敵な女性は変わる。さて、そうすると、どうなりますか？若い男性から中年男性、お年寄りまで、さまざまな男性が来ますね。でも、これだけではダメです。マスターはその友人の女の子に「できれば若いイケメンが来たらお話して」とお願いするのです。その他のこともお願いするようですが(ここでは言えません)。そうすると、近いうちにその若いイケメンは、その店に来るようになります。そのイケメンさんが来店されたら、通りから見える所に座っていただき、今度はイケメンを見た女性（新規のお客様）に来ていただくのです。新規来店された女性を見て、また中年男性や青年男性が集まる。このように繰り返し増えていくテクニックを使うマスターです。

このマスターは「なぜか素敵な女性をたくさん知っている」のでなく、ご自分で素晴らしい人脈を構築し、素敵な女性のいるところへ出かけて、知り合うのです。それは自分で大きな費用を使い、かなりの努力をしているから「他とは違う集客」ができるのです。これもA店と同じ「人の行動する理由の一つ」を実践しているのです。

C店（ソウルバー）の話

また全く違うパターンです。このバーは、駅に近い、やや古い、広さ10坪程度。マスターとアルバイトの女性。深夜まで営業。常連様、リピーターで満席まで行きませんが、平日でも6割くらい入っているバーです。

素晴らしいのは、ソウルミュージックのレコードの数（絶対に他にはない数・数千枚と思われます）とマスターのソウルミュージックの知識。例えば、お客様が曲名を忘れ「こんな感じ」と酔っ払って鼻歌を歌うと、その曲がかかり、そのお客様が「お～それそれ」と喜ぶ。他にはソウルミュージックで、そのようなことができる人はほとんどいない。特に昔のソウルミュージックが主で中高年の方がご利用される。「ご自分が当時のその時代に帰る」「懐かしむ」など、ここもA店やB店と同様に「人の行動する理由の一つ」を、違う角度から行っております。

A店、B店、C店の3店舗は、共通のものを持っていると言えるでしょう。ちなみに、B店のマスターは「借金は1年で完済した」とおっしゃっています。

集客方法として「人の行動する理由の一つ」を根源に考えることが、とても必要なことだと思います。

美味しい、便利、早い、安い、他にないものがある、おしゃれ、行きやすい、量が多い、食事が華やかできれい、デザートが最高、親切、素敵、感動、いい香り、お土産つき、ワインのことを教えてくれる、楽しい、マスターが好き、いつも行っている、お酒がたくさんなど、飲食店に行くきっかけはたくさんあります。先ほど申し上げました「人の行動する理由の一つ」以外にも来店される動機はさまざまです。

では、話題のお店にするにはどうしたら良いでしょうか。それは、今までお話ししてきたことを忠実に行うことが重要で、「一発屋」のように瞬間最大風速が吹くお店ではいけません。地に足を着けて、しっかりと経営していくことが成功者の条件だと思います。

3 パーティー・セミナーの開催

前記のように、あらゆる角度から「魅力的なお店にする」ことが一番重要と言っていいでしょう。それと、また違う角度の「パーティーやセミナー」の集客を考えてみましょう。よく使う言葉ですが「コンテンツホルダー」「リストホルダー」があります。飲食店を開業される方は、セミナーを考えると、ご自分で「素晴らしいリストホルダー」になることをお勧めします。現在「コンテンツホルダー」20に対して「リストホルダー」1と思われます（データ取りはしていません：出会った人での、だいたいの数字です）。リストホルダーは少なく、それだけ、コンテンツホルダーからのオファーが多いのです。

例えば

・話題の繁盛店を所有している
・美味しい
・多くのお客様リストを保有
・パーティーの企画もできる（魅力的な人を手配できる）

・思い通りのセミナー（フロントエンド・ミドルエンドなど）が開催できる

（機器などが揃っている）

・主催者を理解し、ティーアップする司会もできる

・費用の相談にも乗れる

・ご要望の人に声掛けができる

・楽しい

などが揃っていると、いかがでしょうか。依頼したくなりませんか？

ただ漠然と準備もなしに「第2回フランスワインパーティー　ボルドー」や「婚活ワインパーティー」と打ち出して、お客様にお知らせしても、絶対に、まずお客様は1回目にご来店されても、2回目からはほとんど来ません。

ただし、前記の条件が揃っており、魅力的な企画や素晴らしいコピーで宣伝すると、いかがでしょうか？　たぶん、1回目のパーティーと比べても、2回目、3回目もあ

まり人数を減らすことなく集客できていくと思います。何回も言いますが、お客様目線で「都合の良いもの」「魅力のあるもの」を用意するのです。

このような素晴らしい基盤のできている「リストホルダー」になると、ほぼ無敵になります。このようなリストホルダーを目指す方は、1年以上前からの準備が必要です。ご希望の方はご連絡ください。

4 DMの活用

やはり、ダイレクトメールやチラシは、誰でも行うことのできる、集客における基本といえますが、実施するとしたら、少し工夫をしてみましょう。

ダイレクトメールを作成する場合、

・注目される、他にはないものを掲げる
・チラシのお客様に対して、メリットを付ける
・上手なコピーを作成する

・シンプルにする
・価格
などを考慮して、目的とする地域の会社・ご家庭などに配布する。ご来店されたら、必ず簡単なアンケートに記入していただき、プレゼントを用意してお渡しする。ご来店された方の住所や連絡先などをデータ登録し、リスト化する。そのデータを生かし、イベントや新製品のご案内を行う。

「動くチラシ」の活用をしてみるのも一つの方法です。「動くチラシ」とは、携帯にあるサイトをダウンロードして、携帯をそのイラストなどにかざすと、動画が出てきてお店や会社のピーアールをするものです。コピーやイラストなどで表現できなかったものを、自分で表現したい「お客様に直接見ていただきたい、具体的にお聞かせしたい」などを伝えることができるのです。もちろん、「自分のピーアール」も直接できるのです。ＤＭの効果は、０．０１％～０．１％と言われています。しかし、前記の事項を利用することで、次に繋げる効果は絶大だと思います。ここで注意することは、「業者任せで、ただ漠然と作り集客する」は絶対にしないということです。

(6) 攻めの集客

1 リアル集客

これから絶対に必要な事項は攻めの集客です。攻めの集客で一番重要なアクションは「リアル集客」です。とてもシンプルですが、効果は一番あると言っていいでしょう。さて、段取りしていきましょう！

① 集客のために参加する目的を明確化する

・見込み客を明確化する

ランチ、夜、パーティーなどの見込みを、その交流会により判断して臨機応変に対応できるようにする。例えば、地元の交流会は人数を考慮、ランチ主体のピーアールを行うなど。

②ピーアールする手段を用意

お店をピーアールするものを用意。例えば、

・チラシやショップカードを作り、簡単で明確でわかりやすい説明ができるようにする

・名刺を作りなおす（印象の残るものにする）

③自分（お店）のプレゼンテーションができるようにする

10秒プレゼン、30秒プレゼン、1分プレゼンができるようにしておく。もちろん暗記。1分間以上のプレゼンはご自分のプレゼンとして用意して、その中にお店を入れていくと、ご自分の人間性も理解していただき良いものへと仕上がっていきます。

④ 交流会選び

異業種交流会はたくさんあります。交流会を選んで、はじめはビジターとして参加しましょう。そこで、お店や自分自身に合った交流会に会員登録して参加することをお勧めします。会員になったら週に1回は参加するようにしましょう。

⑤ 交流会へ行く

交流会は地元に強いところ、人脈が強いところ、人数の多いところなど、様々な特徴がありますので、2~3の団体に入ることをお勧めします。その内、できるだけ力の強い交流会やお店にとって有利な会は外さないようにすると良いでしょう。交流会選びの一つに、飲食店にとって、有利なシステムを持っている会があります。それは参加されている団体が「会員に対しての貢献制度を実施している」のです。飲食店を経営する方にとっては、絶対外してはならない団体と思っております。

⑥ 参加する価値のあるイベントは無理をしてでも、予定を変更してでも参加してピーアールする

あくまでも、お店を休まない程度にお願いいたします。そして最後に、交流会は絶対に加入しなければならないと思っておりますが、あくまでも無理しないで、ご自分に合った会に入ってください。

2 WEBの集客

やはりWEB上を制する者は、すべてを制すると言っても過言ではありません。お店の素晴らしい宣伝を、できるだけ多くWEB上に乗せましょう。

ここでは、SNSの集客についてお話をします。SNSでは、まだお目にかかっていないお客様を広く対応するのではなく、何かのご縁や一度お会いしている人、ご友人同士とどこかで繋がっている人、会ったことはないけれどなぜか繋がっている人など、一人一人にアプローチしていく方法です。これが有効と思われるのは、イベント、

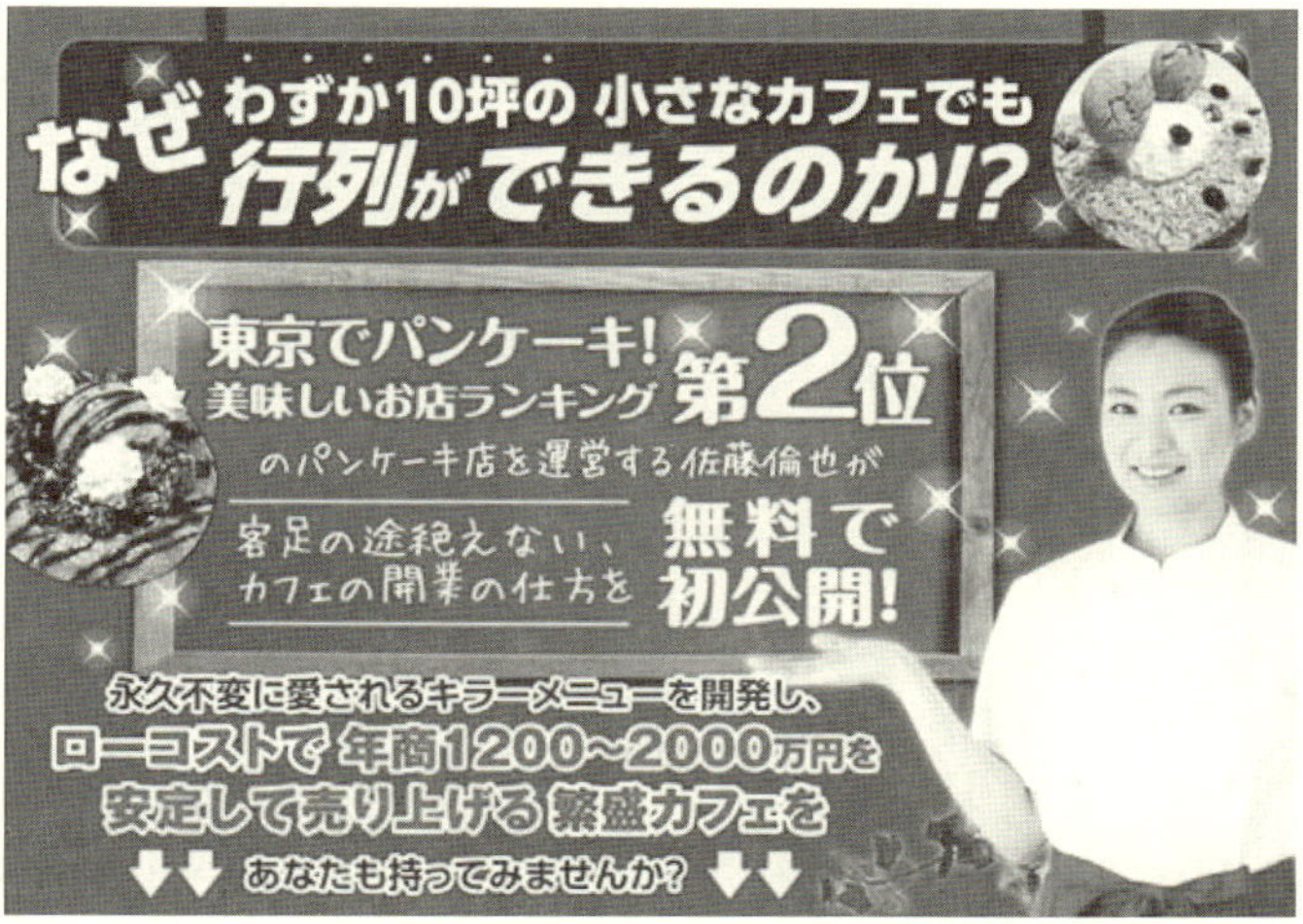

セミナー、新商品紹介、歓送迎会、新年会、忘年会などで、人をそれに合わせて一気に集客していく時となります。最終目的は、それをきっかけに「お店の素晴らしさ」をご理解いただき、ファンになっていただくこととなります。

さて、私の作成したLPを見てみましょう(まだ作成中ですので、修正箇所が少しありますが、ある程度できておりますので、参考にしていただければ幸いです)。

このLPの開業アプローチの方法はカフェやスイーツの店を開くにあたり、未経験で何も知らない方がご自身のみ、もしくはご自身とアルバイトだけの人員で開業するパターンを想定しております。好きなカフェを開業してサラリーマンと同じくらいの収入を得て、仕事として成り立たせるのを目的としております。

最強のリストホルダーになることにより、ある意味、集客力で前記のイベントやパーティーなどだけで、一定収入が得られるようになります。これらの集客方法についてより詳しく理解したい方がいらっしゃいましたら、直接お会いした際にご説明させていただければと思います。

第4章
飲食業で成功するために私がお伝えしたいこと

接客と料理のタイミング

筆者がフランスに足を運び購入したワイン

飲食業ではお客様を待たせないというのが、お店の評判を上げるために大切なことです。外でお客様が並んでいるのに、話しかけることもしない。これでは、そのお客様がリピーターになることはなく、下手したら並んでいる途中で帰ってしまうかもしれません。ですので、接遇はスピード勝負、お客様が目に入ったらまずは声をかけるくらいの気持ちでいてください。

料理に関しても、**お待たせしすぎるのはダメですが、逆に早く出しすぎるのも悪い印象**

を与えます。手間がかかりそうな料理がすぐに出て来たら、「もしかしたら冷凍食品なのでは？」などと思われてしまいますし、そういう料理を注文されるお客様は、お店の雰囲気や居心地も含めたサービスを求めて来られているので、ゆっくりお客様同士のおしゃべりを楽しんでもらうことも大切です。ランチタイムなど、スピードを求められる場合は別ですが、ディナータイムではワインでも飲みながら、お待ちいただけるようにしましょう。

私の誇り

私がお店をやって、誇りに思えることが二つあります。

一つめは、お客様から東京都第2位のパンケーキという評価をいただけたことです。

私自身、お店を開いてからも、さらに美味しいものを作るために、絶えず努力をし続

東京都第２位のパンケーキ（盛り付け例）

けてきました。パンケーキ一つにしても、どうすればさらに美味しくなるかを考え、研究を重ね、一つの形を作り上げたのです。ですので、みなさんも、**どんなジャンルでもいいですから、一つ誇れるもの、ステータスになるものを獲得する**ことを目指してください。都でも、市でも、区でも、地域でもいいですし、何かのコンクールでもいいので、できれば3位以内を目指して取り組んでみてください。**この実績があると、周囲の方々にあなたのお店は力があると思ってもらえます**。大切なのは、そう思ってもらうこと。何か形になるものをぜひ掴み取ってください。

二つ目は、お店の黒字化を達成したことです。開業して1か月間、朝から晩まで営業していてお客さんゼロの日が3日ありました。1日の売上が5000円以下の日も月に10日くらいあり、それが4か月続きました。毎日赤字で貯金がどんどんなくなっていく。常に30万から50万の赤字で、どうやったら黒字化するかを考えながら、もうダメだと思った日も何日もありました。

お店の知名度もなく、不動産屋に悪い評判を言いふらされて、周りの方のお店に対するイメージも良くなく、打開策がなかなか見つからない状況が続いていました。

そんな中で始めたのがランチを充実させることでした。ファミレスやフランチャイズを除き、周辺でランチをやっている店の看板メニューを全部食べ歩きました。そして何を出せばお客様が来られるのかをひたすら研究しました。そこで出した結論は、**一つは自分が得意なものを出し、もう一つは周辺のお店が出していないもので、お客様に喜ばれそうなものを出そう**ということでした。

ランチメニュー①

それで出したのが、ランチパンケーキと牛すじカレー。その後さらに、玄米と塩糀のワンプレートランチと、アボカドサラダとパンケーキのランチを加えることにより、充実したランチを提供できるようになりました。

調査し、工夫して、他にないものをお求めやすく提供すること。メニューに写真を入れて、きれいに作ることで、お客様に注文してもらいやすくなります。

ランチメニュー②

ランチをきっかけにお店の経営が浮上し、パンケーキをさらに美味しくする努力もしました。そして人脈を広げてお客様を集め、東京都でパンケーキランキング第2位になりました。それは企業努力が実を結んだ結果だと思っています。

パンケーキが第2位になったことでお店の評判がさらに良くなり、開店と同時に満席となり、外にも行列ができるお店へと成長しました。開店当初の日々からは劇的な変化を遂げましたが、みなさんも努力次第で、そのようなお店を持つことができると思います。また、すでに開業されている方に対しても復活させる要素とノウハウは数多く持っておりますので、直接ご相談いただければと思います。

会社を辞めて飲食店をしたい方へ

ステップ3の「飲食業をなめてはいけない」でも書きましたが、飲食業の経験をしないで、お店を出してはいけません。もし、今まだ会社員でオーナーを目指している方は、空いている時間を利用して飲食業で働いてみましょう。会社帰りや休日を利用して、毎日2時間ぐらいでもかまいません。お店で働きながら料理の技術を習得し、料理ができるようになったら、同じジャンルの違うお店で働きましょう。こうして、自分のやりたいジャンルの店で数軒働いてください。

飲食店を開くためには厨房ができないといけません。自分で料理を作れないオーナーではダメです。最低半年ぐらい他の店で働いてから、自分のお店をやるかやらないのかを決めましょう。いろんなお店で働くと、そのお店が儲かっているかどうかも見えてきますし、季節や曜日、天気、時間帯などでお客様の入り具合の変化もわかってきます。

早く飲食業をやりたいからと言って、先に今の仕事を辞めるのは絶対にダメです。焦る気持ちを抑えて、経験を積んでから会社を辞めたほうが、結果的には成功の近道となるでしょう。

夢は自分で実現しなければならない

カフェのオーナーになりたい方で、カフェの専門学校に行かれる方も多いと思います。カフェの専門学校はいろんなところがあり、その内容も学校によってさまざまあり、素晴らしい学校もあれば、そうでない学校もあります。もし、そうでない学校に入ってしまったら、百万単位の授業料を支払ったにもかかわらず、大切なことも学べずに卒業してしまい、卒業してからも開業の仕方がわからなくなってしまいます。そうするとさらに百万単位のお金を支払い、別の学校に通っても最後には同じ壁にあたってしまいます。

カフェの知識や技術が増えたものの、自分がしたいカフェをどうやって開店させればいいかわからない。そんな時に、カフェの専門学校から紹介された開業コンサルタントが近づいてきて、その人たちにお金を投じて失敗してしまう。

多くの方が、このような失敗をしています。

ですので、皆さんには、このような道を進まないようにしていただきたいと思います。上手すぎる話には決して乗らないでください。開業コンサルタントに依頼するなら、その実績を見る必要があります。すでにお店を持っていて、成功しているコンサルタントなのか。良い意味で有名なのか、年収はどれくらいなのかなど、明確な数字で判断してください。もし、わからない場合は質問して答えられるかどうかで判断してもいいでしょう。

その中でもダメなコンサルタントは、携わった店舗の数だけを言います。また「A店をやった」「B店もやった」と有名な店の名前を挙げ、その店の何をやったのかを言いません。

また「C店を開業前からすべて携わった」という話を聞いたら、実際にそのお店に行って、見て、食べてみることも必要です。

有名な専門学校に通い、コンサルタントに依頼したからと言って、必ずお店を開けるとは限りません。学びながら、依頼しながらも、自分で相手を見極め、質問し、調査し、判断することがとても大切になります。ですから、自分で夢を切り開く強い気持ちを持ちながら、頼りになるコンサルタントと一緒に夢に向かって進んでください。

出店場所とコンセプト

出店場所については、ステップ4でも述べましたが、出店したい地域にはどんなお店があり、どのお店が流行っていて、それはどうしてなのか。これを常に把握しておきたいものです。例えば、代官山には人気のカフェがたくさんありますが、どんなカフェが流行しているのか、それを知っておくことで何かの役に立つことがあります。

もちろん、地域や場所によって、成功の可否も決まりますので、代官山で流行っているカフェのスタイルをそのまま別の地域で取り入れても流行るとは限りません。逆もまたしかりで、銀座や有楽町なら人気店になるであろうイタリアンやフレンチのレストランでも代官山で苦戦しているお店も見受けられます。

なので、流行と地域、この二つを知って、**自分のコンセプトと合わない地域にはお店を出さない**ことが鉄則になります。若者に人気のパンケーキのお店を出したいなら、「おばあちゃんの原宿」と言われる巣鴨には出店しない、ワンコインで飲める串焼メインの立ち飲み屋を裏原宿などの若者が集まる街に出店しない。コンセプトに合ったターゲットがいる場所に出す、これができないと、その後の集客をいくらやっても効果は限られてしまいます。

ご自身が好きな街だから出店したいという気持ちがあっても、街に合わない店はお勧めしません。また、その街にすでに美味しいお店がたくさんあって、どの店もお客様がそんなに入っていない場合も、その街への出店をやめたほうがいいでしょう。

反対に、周りに競合するお店が全然ないからという理由だけで出店するのも避けたほうが無難です。当初はお客様が入るかもしれません。それは、その地域に新しいお店ができたという目新しいことに対する周辺の住民の方々の好奇心によるものです。また、駅や幹線道路から近いという利点があれば、便利という理由だけで、お客様が来続けてくれることもあります。

その店しかないからやって来る、というのでは、お店の味はまったく関係ありません。なのに、人が入っているという事実から、「自分の料理は味が良い」と思ってしまったら、そこで成長が止まってしまうでしょう。

そのようなお店は、同じ地域にもっと美味しい店ができたら、お客様は全員そっちに流れてしまいます。なので、常に過信しないように心がけてください。

フランチャイズについて

まったくノウハウがない人でもお店を出せる方法としてフランチャイズがあります。フランチャイズの場合、自分がどんなお店をやりたいかによって、どのフランチャイズに入るかを決めれば、本部がすべて教えてくれることもあり、何も知らなくてもすぐにお店を持つことができます。

ただ、どのフランチャイズに入るかを見極めることが必要になります。大手や有名なフランチャイズの場合、売上が大きくても、本部に収める金額も大きく、利益率が低いとされているようです。ただし、ネームバリューや看板効果、オペレーション、さらには安心感やフランチャイズとしての利益が取れる安全性があるのは大きなメリットです。

一方、小さなフランチャイズは、それとはまったく逆です。しかし、そのお店の独自の味や手法、雰囲気を出すことができ、柔軟に対応できる場合があります。

もし、この方法を実践されるのであれば、大きいフランチャイズと小さいフランチャイズのメリットとデメリットを自ら判断し、どちらかを選びましょう。

ですので、修行をせずに手っ取り早く飲食業を始めたい方や、準備資金があって飲食業を新たな事業の一つとして捉えている方にとっては、一つの良い方法かもしれません。ただし、自分の理想の飲食店を開きたい方にとっては、フランチャイズでその夢を実現することは、できないと思います。

健康志向でお客様を呼ぶ

オーガニックとは無農薬、有機、自然の食べ物などのことで、一般的に女性のほうがオーガニックへの関心が高いと言われています。確かに、世の中に出回っている食べ物の中には、添加物や防腐剤など、体に良くないと思われるものを含んでいるものも多いようです。なので、健康意識が高い人はオーガニックのものを求める傾向にあると言えます。

開業したいお店のコンセプトから大きく外れてはいけないのですが、他の店との差別化を図るという意味で、このテーマを頭に入れておいてもいいでしょう。もしコンセプトから外れていないのでしたら、例えば無農薬サラダというように、ぜひ一品からでも取り入れてほしいと思います。

オーガニックをテーマにするなら、オーガニックをよく知ることが大切です。みかんやいちごなどの果物、野菜を無農薬で生産しているところに行って、直接食べ、もし自分の口に合えば、契約する。こうして知識を増やしながら、実行していくことが大切です。現場に行って、知って、おいしいものを作ることを心がけましょう。

健康意識が高く、食の安全が求められていく時代にあって、これからオーガニックは大きなテーマになっていくと思います。なので、こういった料理が作れるならば、それも大きな強みになってくると思います。

沖縄は全国屈指の長寿地域でしたが、それは食べ物に起因しているとも言われています。豚肉をよく煮てから食べる、黒砂糖をかじり、ゴーヤーを食べる。こういった自然の食べ物を数多く食べていたことが原因なのでしょう。しかし、現代の日本ではこうした長寿の食文化が失われつつあるのも事実です。チェーン店の発展によって、そうでなくなってきたとも言われております。とある有名な中華の先生と話した際に、「中華は美味しいですね」と私が言ったら、「これは毎日食べちゃダメだよ」とおっしゃっておられましたが、これも相応の理由があると言えるでしょう。

重ねて申し上げますが、これからは飲食業においても健康を意識したものが伸びてくるのではないでしょうか。

お店はとても厄介な生き物

お店はとても厄介な生き物です。このことを忘れてはいけません。

売上が目標に達しなかったりすると、「こんな店」とか「場所が悪い」と言ったり、思ったり、掃除もろくにしなくなったり、従業員の悪口を言ったりして、人や物などのせいにしていると、どんどん悪いお店になっていきます。

「お店が繁盛しないのは、私が悪い」と割り切り、過去を切り捨て1歩前に進むことが、成功のカギとなってきます。

「自分のお店を愛し、日々の努力を忘れないでください」

開店時に、コンサルタントとして、必ずお店のオーナーに言う言葉があります。「これで全て揃いましたね、素晴らしいお店です。後はオーナーが○○だけです。それ次第で繁盛したり、失敗したりします」

その心がけを忘れなければ、必ず成功すると思います。

飲食業コンサルタントについて

さまざまな職種の方々が、飲食業コンサルタントを名乗り、仕事をしています。その中には、どのような方々がいるのでしょうか？

①コックの方
②サラリーマンコンサルタントの方

③税理士などの数字関係のお仕事の方
④飲食関係の会社にお勤めの方
⑤カフェの学校や料理学校にお勤めの方
⑥カフェの学校や料理学校を卒業された方をターゲットに勧誘する方
⑦飲食店のオーナーの方
⑧飲食店を経営している（していた）方で成功している（していた）方
⑨⑧の要素を持ち、どん底から這い上がって成功した経験がある方
⑩いろいろなコンサルティングを手掛けている評論家の方

というように、本当にいろいろな方がいらっしゃいます。
もしあなたなら、①～⑩の誰にコンサルティングを依頼しますか？

飲食業のコンサルタントに絶対必要な条件の一つとして、自分でお店を経営してい

るか（経営していたか）があります。
①～⑩の項目で該当するのは、⑦と⑧と⑨だけになりますね。二つ目の条件は、飲食店を経営して「成功したかどうか」で、三つ目は、成功した内容です。「偶然場所が良かった」「たまたま当たった」ではなく、努力して成功する方法を知っている方でなければなりません。ある意味当たり前のことですが、いざコンサルタントを選ぶ必要に迫られると、冷静に判断できない状況になってしまうのです。
コンサルタントの選択に失敗すると、お店やあなたの人生が大変なことになってしまいます。ですので、選ぶ際には「**その方がどのような工夫をして成功したか**」、「**どのようにどん底から這い上がって来たか**」、「**どのようなコンセプトと情熱を持っているか**」を見極めなければなりません。

コンサルタント選びで一番重要なのは、「**あなたをどれだけ大切に思っているか**」です。このことを頭に入れて、理想のコンサルタントを見つけてください。

評論家コンサルタントは去れ

「○○と推測されます」、「○○の可能性と、△△も考えられます」、「決めるのはあなたです」

　このように他人事のような発言をするコンサルタントは、とてもたくさんいます。もちろん最終的に決めるのは、依頼者自身です。しかし、依頼者が大金を支払っているにもかかわらず、「私は外部の人間ですから、言ったことに責任はありません。優れたアドバイスをしてあげているだけです」という態度でオーナーさんに接するコンサルタントが多いのも事実です。

　確かにコンサルタントは責任はとれません。しかし、飲食業のコンサルタントとして重要なことの一つに、飲食店のあらゆる状況を理解し、依頼者をパートナーだと思って一緒に歩むことがあります。

　飲食店開業後、なかなか上手くいかないお店の場合は、従業員としてその現場に入り、原因を追求し、理解して改善していくことが重要です。

また、どのようにすれば今の状況を改善していけるか、どのようにすれば効率の良い作業状況になるか、コスト面では業者の見直しなど、現場の中に入らないとわからないことはいっぱいあります。

なので、評論家のようなコメントをするのではなく、依頼者と寄り添って、一緒になって問題解決の方法を探っていくようなコンサルタントこそが「**真の飲食コンサルタント**」と言えるでしょう。

多様性に迫られる飲食業「常識を覆せ」

現在、飲食業の方々が悩んでいることの一つに、「人材」の問題があります。ステップ6でも述べましたが、「良い人材を確保する」ことはなかなか難しく、すぐに解決する問題ではありません。特に料理を作るコック（シェフ）は、雇っても扱いが難しい場合が多く、言うことをなかなか聞かなかったり、「やれ」と言ったことをやらなかったり、偉そうだったり、すぐ怒ったりなど、オーナーさんにとって悩みの種になっていることが多いようです。

こうした問題の対処方法として、「**美味しい料理を出しますが、コックはいない**」とすれば良いのです。コックを雇わないが、市販品や大手冷凍食品を使わない。それでいて、どうやってお客様に、周辺の他の店より美味しいものを提供することができるのか？

ここが勝負になります。その方法をお知りになりたい方は、私どもの無料セミナーにご参加ご連絡ください。もし、ご自身でその方法をご存じの方は、一度そのようにしてみてはいかがでしょうか。

「**状況に応じて玉虫色に変わる鋭さを持つこと**」も、飲食店が生き延びるための条件と言えるでしょう。

お店のファンを増やす

お店の魅力をさらにアップし、それを多くお客様に広めるためには、やはりイベントも必要になってくるのではないでしょうか。

イベントを行うことで、「あそこでこんなことやっている」ということで注目されるお店になってくるので、楽しいイベントをどんどん仕掛けていきましょう。

私どもの店では、大人も子供も楽しめるマジックショー、若い落語家さんを呼んでの寄席、ジャズのパーティー、婚活イベントとしてのパンケーキ婚、バレンタイン婚（バレンタインのチョコレートケーキを男女で作る）など、娯楽系から婚活系までさまざまなイベントを行っています。さらには、占い師を呼んでの開運ワインパーティー、有名なフレンチシェフを呼んでのフランスの味を楽しむ会、ご近所の方に向けた料理教室など、お客さまや近隣の方々にとって魅力的なイベントを企画し実行していくことで、お店の新たな魅力を発信することができます。一度イベントに参加された方は「次は何をやるのかな」「また来たいなあ」「今月は何をやるのかな」など、お店のことを気にかけていただけるようになります。

ですので、お店の魅力をアピールするためにも、こうしたイベントはとても重要な手段の一つとして、ぜひ活用しなければならないと思います。宣伝や告知に当たっては、リアルやネットなどの手段が絶対に必要になります。また、店の前を通りかかった方や、ランチなどで初めて訪れた方が見てもすぐにわかるように、「◎月のイベントはこれです！」とイベントの告知チラシやポスターを掲示することも必ずしてほしいと思います。

それでも、「イベントを開催するのは敷居が高い」と思われる方もいらっしゃるかもしれません。その場合は、お客様や友人、知人からの紹介でホストを呼ぶようにしましょう。そうすることで、紹介してくれたお客様との絆も強くなり、お店のファンが増えるという結果になっていくと思われます。

飲食店には1日に4つの顔がある

朝から夜まで営業する飲食店であっても、朝・昼・アイドル（ティータイム）・夜の4つの時間によって4つの顔があります。それぞれの時間に来るお客様は、それぞれ意識や目的が異なりますので、飲食店で働く方は、それぞれの時間でお客様への接し方を変えなければなりません。では、どのように接すれば良いのでしょうか？

すでにご存じの方もいらっしゃるかと思いますが、ここでは再確認の意味も込めて、述べさせていただきます。

それぞれの時間のキーワードを次に挙げてみます（対象は仕事をされている方にし

ています）。

①朝（モーニングタイム）

・キーワード…急ぐ、早く、目を覚ます、安く、軽め、会話なし、利便性が良い、味はあまり関係ない、ライバルが少ない、など。

・お店側…基本的対応は話しかけない。話されたら親切に答える。美味しいより、スピードとコスト。

・お客様の意識…忙しい、やることがある、通信や連絡をする、早くしてほしい、など。

②昼（ランチタイム）

・キーワード…仕事場に時間内に戻る、早めに提供、安い、お得感、美味しい、しっかり食べる、おしゃれ、友人・同僚・お得意様・上司などとの会話、会社や駅などに近い、ライバル店が多い、など。

・お店側…なるべくお店側から話しかけない。「いつもありがとうございます、今日は〇〇になさいますか？」など手短に、感じ良く対応する。お客様が話されたら親切に対応するが、表面上の簡単な会話にする。臨機応変、CP良く、ライバル店を意識する。

・お客様の意識…気を抜きたい、少しのんびり（早く食べたい人、早く持って来てほしい人もいる）、簡単な打ち合わせ・おしゃべり、味は多少妥協しても良い、マスターや店員が好き、おしゃれ、お店に入りやすい、流行に乗っている、選ぶ（お店や食べ物を選びたい）、いつものやつ、など。

③アイドル（ティータイム）

・キーワード…書類をまとめる・読む、通信する、読書、ホッとする、少しのんびり、軽い、いい香り、飲料、ケーキ、甘い、一口、おしゃれ、会話、清潔、など。

・お店側…お客様の気持ち・目的を察し対応。お客様にうるさくしない、干渉しない、感じよく、長い会話はNG。

・お客様の意識…仕事の整理、ホッとする、少し気を抜きたい、おしゃれ、お店に入りやすい、自分の居場所、流行に乗っている、選ぶ、など。

④夜（ディナータイム）

・キーワード…メイン、勝負、満足、お酒、美味しい、食べる、おしゃれ、こだわり、会話、発散、誰かに聞いてもらいたい、着飾る、プライド、仲間、上司・接待、高額、異性、など。

・お店側…お客様の気持ち・目的を察することが一番重要。お店の一番勝負の時、絶対に美味しい、良いオペレーション、良い接遇、満足していただく、他に負けない、お客様とお話をする。

「この中で、一つでも欠落していれば、そのお客様は二度と来ない」というぐらいの心構えを持っていただければと思います。

・お客様の意識…美味しい、楽しみ、期待、発散、聞いて欲しい、満足、うれしい、おしゃれ、流行、行きたい、入りやすい、居心地、異性、勝負時、重要、など。

お店のコンセプトや飲食の形態により大きく異なり、ケースバイケースの対応になりますが、カフェや軽飲食店（ワインバルなど）を例にとって、考えられることを列記してみました。ここで重要なことは、「お客様の意識が4つの顔により異なる」ことを忘れないようにすることです。

「当たり前だ」と思われる方もいらっしゃると思いますが、実際にどのくらいの方がはっきりとこの意識をもって仕事をされているでしょうか？中には理解していても、きちんと実行できていない方もいらっしゃるかと思います。ですので、改めてご自分の店において、この事項をもう一度組み込んで見直すことが重要だと思います。「当たり前の基本を忘れないこと」はとても大切なことです。

繰り返しになりますが、４つの顔があるということを忘れず、それをきちんと実行する。例えば、朝の始まりに朝礼したり、ランチの前にみんなで集まって、「ランチはこう」「ティータイムはこう」というように話し合って気持ちを切り替える。そのようなことを毎日確実にやっていくこと意識してください。**店長が「みなさん、これからランチタイムです」というだけで、かならずスタッフの意識が変わります**。ですので、これを必ず実行してください。

朝礼を必ず行う

営業開始前には必ず時間を作って、朝礼を行うようにしましょう。「さあ、始めましょう」と気持ちを仕事モードに切り替えたり、その日の目標を立てたり、これまでの目標を確認するために、必ず行ってください。

朝礼では、「今日は○○を頑張りましょう」とか「今日は○○します」といった自分の目標や、店の目標を確認し合います。みんなの前で発表することで、意識が高まります。店主一人しかいない場合も、二人や三人の場合も、必ずやるようにしましょう。開店前の慌ただしい時間だと思いますが、たとえ1分でもやったほうがいいと思います。朝礼をするお店としないお店では、統率力や結束力にも大きく差が出てくると思います。

これまでコンサルティングしてきた会社を例に挙げますと、一つ目の会社は、朝の挨拶をきちんとして、朝礼して、全員で朝の掃除や窓ふきをきちんとして、それが終わってから仕事にとりかかっていました。

二番目の会社は、朝きちんと全員であいさつをして、短めの朝礼をしていました。担当者が日によって変わり、それぞれ自分の心構えを発表し、それを短時間で終えると、仕事に取りかかります。

三番目の会社は、挨拶も朝礼もしていませんでした。何もしないで、出社して自分の席に着いたら、そのまま自分の仕事を始めていました。

お店の場合、朝礼をするかしないか、する場合はどのようにするかを決めるのはオーナー自身の方針でいいかと思います。一番目の会社のように、慌ただしい開店前に掃除まで徹底してする必要はないかもしれませんが、三番目の会社のように何も挨拶をしないのもどうかと思います。短い時間でも、「頑張りましょう」と言い合って、気持ちを新たにスタートを切る。そうすることで、従業員の気持ちを仕事モードに切り替える効果が必ずあると思います。

年収1000万円以上を目指せ!!

これまで述べた7つのステップをきちんと実行していけば、年収1000万円以上を目指せると考えております。さらに大切なのは、前で述べた、1日4つの顔を理解して、そのポイントを外さないことになります。

実際コンサルタントをして、A氏とB氏の事業計画概要を基に立てた数字と、実際に開店してからどのように軌道修正したかを、簡単にした項目で表してみました。

※ 本項目では、事業収支の数字を表にしておりますが、これは数字の概要をまとめたものであり、細かい項目は省いております。あくまでも目安の数字としてください。

A氏は軽飲食です。ひとまず年収800万円を目標にして徐々に1000万円超えをしていく設定にしました。B氏は夜にウエイトを置いていますので、当初から年収1000万円以上を目指しました。A氏とB氏の例は、ご自分の開店されるお店と比較して、あくまでも、一つの目安として、参考にしていただければと思います。

（大変恐縮ですが、執筆時点では、A氏とB氏の了解を得ておりませんので、詳しい事項は㊙となっております）

お店のコンセプトにより、4つのゾーン（時間帯）のどこに重要なウエイトを置き、どのように活用するかが、大きなポイントとなります。

４つのゾーン：①朝（モーニングタイム）

②昼（ランチタイム）

③アイドル（ティータイム）

④夜（ディナータイム）

A氏の例

お店は、出店場所や店舗の形状などの諸条件により、A氏と打ち合わせし数字を設定いたしました。

「昼間にウエイトを置き、パンケーキやスイーツに特徴を持たせたカフェ」としております。内装は昼間だけの可愛らしいデザインにしないで、夜も対応できる大人の雰囲気を持たせるお店に仕上げました。
これで、大まかにどのようなお店か想像がつきましたでしょうか。

坪数約10坪、席数25席。
時間帯…①朝（モーニングタイム）7時から10時30分
②昼（ランチタイム）11時から14時30分
③アイドル（ティータイム）14時30分から17時30分
④夜（ディナータイム）18時から21時
の４つのゾーンを設定しました。

167ページの設定の概要をご覧ください。

そして、実際に開業してお客様の動向についてしばらくの間統計を取り、力を入れるべき時間帯や休む時間帯を決め、メニューの絞り込みや集客方法などを変えて対応しました。

実際の変更数値の概要

• 朝　3 時間（7 時～ 10 時 30 分）
売上（設定値）　14625 円　→　（実際）11700 円
• 昼　3 時間半（11 時～ 14 時 30 分）
売上（設定値）　34800 円　→　（実際）28350 円
• アイドル　3 時間　→　お休みタイム
売上（設定値）　9750 円　　→　（実際）0 円
• 夜　3 時間（18 時～ 21 時）3 時間　→　（17 時 30 分～ 23 時迄）5 時間半
売上：（設定値）18000 円　→　（実際）42300 円
• 実際の売上合計（概要）83250 円
1 か月の売上合計　2081250 円
1 か月売上合計金額　25 日稼働として、約 210 万円
年間売上　2500 万円

経費関係
経費合計（設定）130 万円　→　（実際）約 120 万円

1 か月利益（設定）　売上 200 万円－ 130 万円　＝ 70 万円
　　　　　（実際）　売上 210 万円－ 120 万円　＝ 90 万円

年間利益　（設定）840 万円　→　（実際）1080 万円

結果

やはり、開店後の動向を上手くキャッチして、時間帯やメニューを臨機応変に対応したことで、材料のロスや、時間のメリハリができたことが大きく、目標としていた 1000 万円を突破できました。

また、このオーナーの素晴らしいところは、これで大きな自信を持ち、年々少しずつですが、売上を伸ばしています。

私が初めからコンサルティングいたしましたＡ氏のケースでは、**設定した数値を超えて 1000 万円を達成したことよりも、結果的に「時間を上手く使い、体が楽になったことが一番の成果→長く続けられる**」と思っています。

設定の概要

・朝　3時間半
売上：客単価　450円　×25席　×稼働率65%　回転率2回
売上　14625円
・昼　3時間半
売上：客単価　870円　×25席　×稼働率80%　回転率2回
売上　34800円
・アイドル　3時間
売上：客単価　650円　×25席　×稼働率60%　回転率1回
売上　9750円
・夜　3時間
売上：客単価　1200円　×25席　×稼働率60%　回転率1回
売上　18000円
①〜④売上合計　　77175円
1か月の売上合計　1929275円
1か月売上合計金額　25日稼働として、約200万円
年間売上　2400万円

経費（概要）

光熱費	水道代	15000円
	電気代	35000円
	ガス代	10000円
防虫・フィルター交換など		10000円
容器・厨房機器メンテなど		5000円
掃除関係		5000円
通信費など		10000円
その他		10000円
合計		10万円

材料費　　1か月の売り上げの3分の1　　約70万円

人件費	社員	20万円
	アルバイト（1日3時間　1000円）	
	25日	75000円
	残業など	25000円
	合計	30万円
家賃		15万円
償却費・雑費など		5万円
経費合計：		130万円

1か月利益：1か月売上高200万円－経費130万円＝70万円
年間利益：1か月70万円×12か月＝840万円
と低めに設定しました。

B氏の例

A氏とは別のタイプのお店である、「夜型のお店」のB氏の例をみてみましょう。

「厳選ワインと美味しい料理のお店」で、内装も間接照明などにして、「大人の雰囲気」にしました。

ランチは、オーナーの料理自慢もあり、「美味しいランチ」を出して、「美味しいお店だ」というお客様の意識づけをする。また、お客様へのお店の特徴のPRもする。

夜は厳選された美味しいワインと自慢の料理を出して、他店と比較しても負けないお店に仕上げました。

坪数約12坪、席数23席

時間帯…①朝（モーニングタイム）なし

②昼（ランチタイム）3時間　11時30分～14時30分

③アイドル（ティータイム）なし

④夜（ディナータイム）５時間　18時〜23時

の４つのゾーンを設定いたしました。

171ページの設定の概要をご覧ください。

そしてA氏と同様に実際開業して、お客様の動向についてしばらくの間統計を取り、メニューの絞り込みや集客方法などを変えて対応しました。

坪数、時間帯は同様

実際の変更数値の概要

• 朝：なし

• 昼：3時間

売上：客単価　900円　×23席　×稼働率80％　回転率2回

売上　33120円

• アイドル　なし

• 夜：5時間

売上：客単価　3200円　×23席　×稼働率60％　回転率1.6回

売上：70650円

①～④：1日売上合計 103776円 （約10万円）

1か月の売上合計　　2594400円

1か月売上合計金額　25日稼働として、約250万円

年間売上　3000万円

経費（概要）

光熱費	水道代	20000円
	電気代	40000円
	ガス代	15000円

防虫・フィルター交換など　　10000円

容器・厨房機器メンテなど　　5000円

掃除関係	10000円
通信費など	10000円
その他	10000円
合計	12万円

材料費	1か月の売り上げの3分の1　約80万円	
人件費	社員　20万円	
	アルバイト （1日3時間　1000円）	
	25日	75000円
	残業など	25000円
	合計	30万円

家賃	25万円
償却費・雑費など	5万円
経費合計：	152万円

→172ページへ続く

設定の概要

- 朝：なし
- 昼：3時間

売上：客単価　950円　×23席　×稼働率80%　回転率1.5回
売上　26220円

- アイドル　なし
- 夜：5時間

売上：客単価　3600円　×23席　×稼働率50%　回転率1.5回
売上：62100円
①〜④：1日売上合計　88320円（約8.8万円）
1か月の売上合計　220万円
1か月売上合計金額　25日稼働として、約220万円
年間売上　2640万円

経費（概要）

光熱費	水道代	20000円
	電気代	40000円
	ガス代	20000円

防虫・フィルター
交換など　10000円
容器・厨房機器

メンテなど	10000円
掃除関係	10000円
通信費など	10000円
その他	10000円
合計	13万円

材料費	1か月の売り上げの3分の1　約70万円	
人件費	社員　20万円	
	アルバイト（1日3時間　1000円）	
	25日	75000円
	残業など	25000円
	合計	30万円
家賃	25万円	
雑費など	2万円	
経費合計：	140万円	

1か月利益：1か月売上高220万円−経費140万円＝80万円
年間利益：1か月80万円×12か月＝960万円≒1000万円
に設定しました。

1か月利益：1か月売上高250万円−経費152万円＝98万円
年間利益：1か月98万円×12か月＝1176万円≒1200万円

経費関係
経費合計　（設定）140万円　→　（実際）約152万円

1か月利益（設定）　売上220万円−140万円　＝80万円
　　　　　（実際）　売上250万円−152万円　＝98万円

年間利益　（設定）約1000万円　→　（実際）1200万円
設定よりも、年間利益200万円アップ

B氏の素晴らしいところは、何といっても「私の言うことを、**とても前向きに聞き入れ話し合いができること、それを実行できること、理解できないプライドを持たないこと**」です。コンサルティングをしていて難しいケースは、（なかなかこの業界の方は、私には理解できない）プライドをお持ちの方が多く、成功する方向性（成功する確率が高い方向性）を示しても、ご合意を得られないことです。

今回の私のコンサルティングで、B氏が得られたことは「（B氏は）多少の欠点がありますが、それをカバーするだけの、素晴らしい食事を作ることができるようになり、柔軟な対応力が身に付き、他店に負けないノウハウを習得することができた」ことでしょう。

これから、この店は絶対に売上が上昇して、話題店となり成功を収めることは、間違いないと思います。

「飲食店勝利の方程式」とは

最後に、本書のタイトルである「飲食店勝利の方程式」ですが、おわかりのように、

第１章　必ず押さえておかなければならない最重要の３つの基本事項

＋

第２章　開業する際に必要な３つの基本事項

＋

第３章　他と差をつける成功の鍵を握る攻めの集客

＋

第４章　飲食業で成功するために私がお伝えしたいこと

＝飲食店成功への道、となります。

基本的事項や成功をしている方の事例や理論など、いろいろと書かせていただきましたが、当たり前のことですが、数字（売り上げと利益）が一番重要で、そのためにどうするか、ということが一番大切なのです。この本を参考にしていただき、ご自分の出店する場所をよく検討し、堅実な数字を作り上げ、それに向かって努力してください。

もしおわかりにならないことがございましたら、無料セミナーや個別相談もありますので、ぜひご活用いただければと思います。

おわりに

「はじめに」でも申し上げましたが、個人で飲食店を10年間続けられるのは5％以下で、90％のお店が5年以内になくなると言われています。5年間以上続いている10％の飲食店でも、「まあまあできている」「かろうじてやっている」というお店がほとんどで、大成功をしている店はほんの一握りといってもいいでしょう。

また、5年以内になくなる90％の飲食店のうち、約半分の40～50％は開業2年以内になくなってしまいます。誰でも始められるのが飲食業ですが、実際は１００人に約5人しか成功しないような、とても厳しい世界なのです。

かつて、私が初めて飲食業の世界に飛び込んだときも、いろんな失敗を経験しましたし、また、多くの飲食業を始めた友人たちからも、さまざまな失敗談を聞きました。

中には、会社を辞めて第二の人生の花を咲かせようと飲食業に飛び込んだものの、うまくいかずに資金繰りが悪化して、数年で辞めた方もいました。それを聞いて「もっと早く自分に相談してもらえれば辞めなくても済んだのに」と思いましたが、それと同時に「飲食業を始めた多くの方も、このような悩みを抱えているに違いない」と思い、飲食業の開業を目指す方のための本を書こうと決意しました。

努力をしないでお店の繁盛はありません。ですから、**日々の努力が実を結び成功していくことを忘れてはいけません**。たまたま出店場所が良かったり、たまたま企画が当たったりして、成功する時もあります。でもその確率は少ないです。

「**悪い条件でも立派に経営できる**」

そのような強いお店を作らなければなりません。

夢や希望を抱いて飲食業を始められる方々の成功する可能性を増やし、失敗する可能性を減らすことができるよう、自身の開業経験やコンサルティング経験を踏まえて、

成功に必要な要素の一部をこの本に書かせていただきました。

この本を読んでいただき、成功の一歩を踏み出していただければ、この上ない幸せです。

飲食店を開きたいと思っておられる方で、まだ方向性が決まっていない方は、ぜひこの本を読んでいただいてから、開くかどうかの結論を出していただければと思います。また、飲食店の開業についてわからないことがある方は、私どもが開いている無料セミナーや個別相談をぜひご活用いただければと思います。**プロフィール欄に私どものホームページとメールアドレスが記載してありますので、そちらをご覧の上、ご連絡いただければと思います。**

最後に、この本のクレームなどは、受け付けておりませんので、ご理解のほどよろしくお願いいたします。

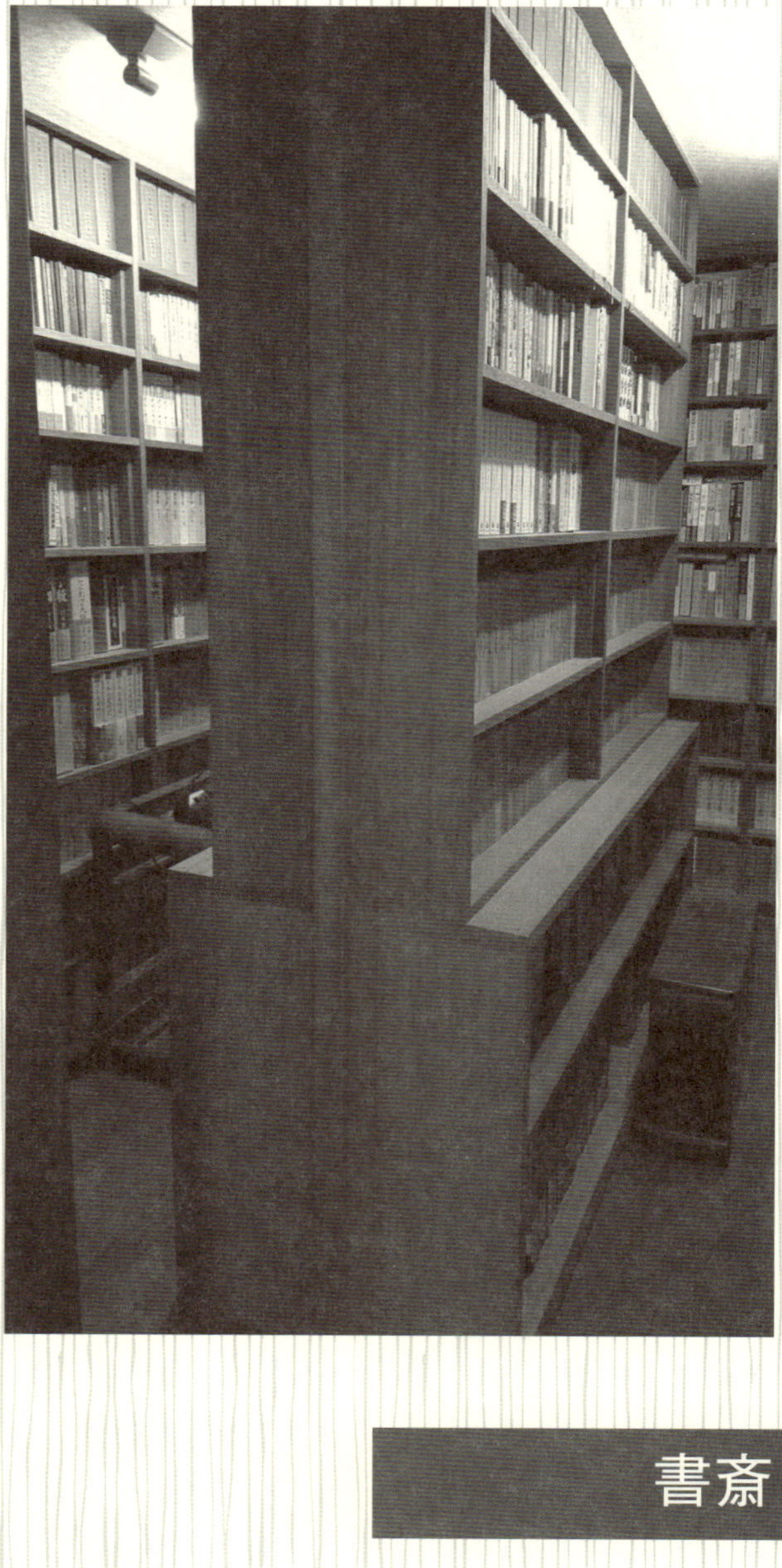

書斎

著者プロフィール
佐藤倫也（さとうともや）

東京都大田区生まれ、横浜育ち。
大学卒業後、大日本印刷株式会社に入社。
12 年勤務の後、ヘッドハンティングされ、コンサルティング会社へ。
42 歳で開業。 飲食店オーナー、飲食店開業コンサルタント、パッケージデザイン会社の代表取締役、医療機関オーナー（約 20 年間）として、幅広く活躍。
開業支援においては、「絶対に成功する飲食店」「大好きな飲食店をオープンさせて年収 1000 万円にする方法」「大切なのは、夢を描き、成功を確信すること」などのセミナーを開催。多くの成功事例を導いている。

飲食店開業希望者のための 無料セミナー開催中！

本書をご覧いただいた方で、飲食店の開業に関してご不明点がある方を対象に無料セミナーや個別相談を開催しております。ご希望の方は、下記メールアドレス、またはホームーページまでお問い合わせください。

E-mail：book.sophiafour@gmail.com
URL：https://satotomoyaconsulting.jimdo.com

攻めの集客で成功する!!

飲食店勝利の方程式

二〇一八年四月一五日　発　行

著作者　佐　藤　倫　也

発行所　丸善プラネット株式会社
〒一〇一―〇〇五一
東京都千代田区神田神保町二―一七
電話（〇三）三五一二―八五一六
http://planet.maruzen.co.jp/

発売所　丸善出版株式会社
〒一〇一―〇〇五一
東京都千代田区神田神保町二―一七
電話（〇三）三五一二―三二五六
http://pub.maruzen.co.jp/

編集・組版　Novion
装丁デザイン　Yakko
印刷・製本　富士美術印刷株式会社
ISBN 978-4-86345-370-8 C2034